Negotiation
Donald Trump

도널드 트럼프와
어떻게
협상할 것인가

도널드 트럼프와 어떻게 협상할 것인가

안세영 지음

Donald
Trump

한국경제신문

일러두기

본문에 인용된 책 중《The Art of the Deal》은 국내에서《거래의 기술》(살림, 2016)이라는 제목으로 출간됐다. 그러나 이 책에서는 저자의 뜻에 따라 원제목을 직역해《협상의 기술》이라 싣고, 원서 본문을 번역해 인용했다.

고도의 협상 전략으로 대통령이 된 남자, 트럼프에게서 배우는 협상 전략

도널드 트럼프 대통령은 정말 뛰어난 협상가다.

으르렁거리는 사자처럼 강한 승부 근성으로 정말 멋지게 상대와 협상하고 거래한다. 조지 워싱턴에서 시작해 링컨, 아이젠하워, 레이건, 그리고 오바마에 이르기까지 모두 뛰어난 장군이었든지, 상원 의원, 주지사를 거친 이른바 대통령감(!)이었다. 뉴욕의 부동산 재벌 도널드 트럼프Donald Trump가 대선 출마를 선언했을 때 모두들 웃었다.

하지만 필자는 공화당 경선 토론, 3차례에 걸친 CNN 대선 텔레비전 토론을 지켜보면서 깜짝깜짝 여러 번 놀랐다. 사회자에게 대들고, 거침없는 말로 경쟁자를 하나하나 때려눕히는 것이다. 빌 클린턴에서 조지 W. 부시, 오바마에 이르기까지 모든 CNN 대선 토론을 봐왔지만, 사회자에서 대드는 후보는 처음이었다. 트럼프와 달리 모든 대선 후보들은 사회자를 아주 상냥하고 부드럽게 대했다.

언뜻 보기에 트럼프가 무식한 막말을 하는 것처럼 느껴졌지만 협상 전문가인 필자는 그것이 고도의 커뮤니케이션 스킬임을 알아차렸다. 그래서 그의 저서와 행적을 분석해보고 트럼프의 협상의 예술에 매료돼 이 책을 쓰기로 했다. 그간《CEO는 낙타와도 협상한다》로 시작해 이번이 다섯 번째 '협상' 책이다.

이 책의 앞부분에서는 트럼프의 협상가적 자질과 협상 전략을 분석했다. 거칠게 되받아치라는 '파이트-백Fight-Back', '지렛대leverage'를 만들어 협상력을 높이라는 평소 그의 철학은 대통령이 돼서도 그대로 나타나고 있다. 타이완 총통과 통화해 '하나의 중국One-China policy' 정책을 뒤흔들어 멋진 지렛대를 만들고, 멕시코와 중국을 거칠게 후려치고 있다. 이 모든 것들이 억만장자 대통령에게서 우리가 배워야 할 비즈니스 협상 전략이다.

다음으로는 우리에게 다가올 무역 전쟁을 다뤘다. 중국산 수입품에 대해 45% 관세를 매기겠다고 호언장담했으니 '중국 후려치기'를 하지 않을 수도 없고, 세계에서 유일하게 미국에 대응 보복을 하는 중국이니 두 강대국이 치킨게임을 하며 크게 한 판 붙을 것으로 전망된다.

마지막으로, 우리의 대응 전략을 살펴봤다. 한미 FTA를 '일 자리 도둑'이라고 했으니 통상 갈등이 거센 파도처럼 몰려올 것이다. 따라서 도널드 트럼프 대통령의 특성을 분석하고, 우리가 대응할 수 있는 협상 전략을 면밀히 소개했다.

이 글을 쓰는 데 도와주신 모든 분들께 감사의 말씀을 드린다.

신촌에서, 안세영

3장 트럼프 협상이 몰고 올 세계 무역 전쟁

4장 도널드 트럼프와 어떻게 협상할 것인가?

Negotiation

1장

—

타고난 협상가,
도널드 트럼프 대통령

Donald Trump

01
—

나는 위대한 협상가이다

엔리케 니에토E. Nieto 멕시코 대통령의 손목이 반쯤 꺾였다

이 한 장의 사진은 앞으로 도널드 트럼프 미국 대통령이 전 세계 지도자들을 어떻게 다룰 것인지 잘 보여주고 있다.

미국 대선 캠페인에서 트럼프가 제기한 가장 큰 이슈였던 미국, 멕시코, 캐나다 간 자유 무역 협정, 즉 NAFTA를 논의하기 위해 멕시코 대통령을 만났을 때 〈월스트리트저널〉에 실린 사진이다. 자세히 보면 손을 꽉 잡았을 뿐만 아니라 상대보다 훨씬 큰 덩치로 내려다보면서 위압감을 조성하고 있다. 물론 상대를 '아메리칸 이글eagle'의 매서운 눈매로 노려보면서.

오바마 대통령이 멕시코 대통령과 악수하는 모습을 찾아보았다. 화기애애하고 우호적인 모습이다. NAFTA를 통해 두 나라가 경제적으로 윈-윈 게임win-win game을 하고 있다고 생각했기에 다정할 수밖에 없다. 그러나 트럼프의 입장은 전혀 다르다.

"해외에 빼앗긴 미국인의 일자리를 되찾아 오겠다American Jobs Back!"

"멕시코와 맺은 NAFTA는 미국인의 일자리만 빼앗은 대재앙total

disaster이다.”

이런 슬로건을 앞세운 트럼프는 '앵그리 화이트 아메리칸' Angry White American의 전폭적 지지를 받아 대통령이 됐다. 그러니 그의 지지자들에게 응답하기 위해 백악관에 들어가자마자 가장 먼저 해야 할 일이 멕시코를 후려쳐 뭔가를 얻어내는 것이다. 이런 것들을 미리 염두에 둔 트럼프의 멕시코에 대한 위압적 포석이다.

이번 미국 대선을 지켜보며 신기했던 점은 트럼프처럼 '협상'을 강조한 후보는 처음이라는 것이다. 선거 유세 기간 중 그는 자신의 베스트셀러 《협상의 기술The Art of the Deal》을 치켜들고서 흔들어대며 "나는 위대한 협상가!"란 말을 수도 없이 했다.

"지금 미국은 그 어느 때보다도 협상을 잘하는 지도자가 필요한 시기다."
"바보 같은 워싱턴의 샌님saps들이 외국과 협상을 잘 못해 미국인들이 일자리를 빼앗기고 있다."

그 험한 뉴욕 부동산 업계에서 협상을 통해 거대한 트럼프 제국을 일구었으니, 자기를 대통령으로 뽑아주면 멕시코, 중국 등

과 협상을 기막히게 잘 해서 미국인의 일자리를 되찾아 오겠다
는 얘기다.

44명의 전임 대통령들과는 달리, 공직, 정치, 군대 경력이 전
혀 없다는 결정적 아킬레스건을 가진 트럼프가 세일즈 포인트
를 '협상'으로 잡은 것은 영리한 결정이었다. 사실 그는 자기
스스로를 뛰어난 협상가라고 생각했는지 협상에 관한 책도 많
이 출간했다.

1987년 토니 슈워츠Tony Schwartz와 함께 쓴《협상의 기술》을 펴
내 베스트셀러 반열에 올렸고, 2006년에는《CEO 트럼프, 성공
을 품다Trump 101: The Way to Success》도 출간했다. 오죽하면 조지 로스
George H. Ross까지 가세해《트럼프처럼 협상하라Trump Style Negotiation》라
는 책을 냈겠는가. 물론 이 책엔 트럼프 자신이 쓴 추천사가 실
려 있다.

02

—

트럼프는 정말 허풍쟁이일까?

—

고도의 전략적 마인드를 가진 뛰어난 협상가

캘리포니아대학교 교수인 애런 제임스Aran James는 지난 대선 기간 중 미국에서 돌풍을 일으킨 그의 저서《또라이 트럼프Assholes: A Theory of Donald Trump》[1]에서 트럼프를 허풍쟁이Bullshitter, 철면피Assholes로 부르며 혹평했다.

트럼프는 대단한 허풍쟁이이다. 그는 왕성하고 휘황찬란하게 모욕을 해댄다. 트럼프 본인도 인정하듯이, 나오는 대로 말하는 것이다. 철학자 해리 프랭크퍼트_{H. Frankfurt}의 정의에 따르면 허풍쟁이란 진실인지 여부는 아랑곳하지 않고 되는 대로 말하는 사람이다.[2]

트럼프는 철면피[3]이다. 철면피는 자기가 다른 사람보다 돈이 많고 더 똑똑해 유명 인사라고 생각한다. 사람들이 어떻게 생각하는지는 안중에 없다. 자기 편한 대로 행동하고 다른 사람이 이의를 제기해도 대응할 일고의 가치도 없다고 확신한다. 그는 오히려 누군가 자기의 행동에 이의를 제기하면 분개한다.[4]

과연 트럼프는 제임스 교수뿐만 아니라 많은 사람들이 말하는 것처럼 뻔뻔스럽고 예측 불가능한 허풍쟁이, 철면피일까?

필자의 대답은 단연코 "그렇지 않다"이다.

안타깝게도 애런 제임스는 플라톤의 도덕론 같은 고상한 형이상학을 논하는 철학과 교수다. 그의 분석의 틀 속에서 유세 기간 중 트럼프의 언행을 분석하면 당연히 그런 부정적 결론이 나온다.

"트럼프는 고도로 잘 계산된 전략적 행동을 하는 뛰어난 협상가이다."

공직에서 통상 관료로서 미국 무역 대표부ᴜꜱᴛʀ, 상무성 등과 통상 협상을 하고, 워싱턴에 3년간 머물렀으며, 2000년 대학에서 협상을 연구하고 4권의 협상 관련 저술을 한 필자가 그간 트럼프를 연구하고 내린 결론이다.

본인이 자화자찬하듯이 '위대한 협상가'는 아니어도 '뛰어난 협상가'인 것은 맞다. 직설적으로 툭툭 내뱉는 거친 말, CNN 토론에서 마치 사자처럼 무대를 어슬렁거리는 행동, 사회자의 날카로운 질문을 묘하게 피하는 교활함, 4번이나 파산하고도 살아남은 승부 근성, 이 모든 것들을 협상 이론의 세계에서는 충분히 설명할 수 있다.

일부 전문가는 물론이고 우리가 협상에 관해 잘못 이해하고 있는 게 많다. 시중에서 잘 팔리는 허브 코헨ʜᵘʳᵇ ᶜᵒʰᵉⁿ 류의 대중을 현혹하는 책들을 읽어보면 협상을 아래와 같이 정의한다.

명시적으로 아주 설득력 있는 좋은 말을 하여 상대를 감동시켜, 상대가 자발적으로 여러분이 원하는 것을 주게 하는 행위.

이건 대학생이나 신입 사원 정도가 할 어설픈 수준의 협상이다. 실제로 회사의 간부로서, 정부의 통상 관료로서, 정치가로서 협상을 해보면 협상의 본질이 위의 정의와는 완전히 다르다는 것을 알게 된다.

하버드대학교의 로저 피셔R. Fisher, 윌리엄 유리W. Ury 교수, 그리고 와튼 스쿨의 리처드 쉘R. Shell 교수가 설명하는 고차원의 협상이란 다음과 같다.

첫째, 많은 부분이 간접적이고 암시적으로 이뤄진다.

둘째, 말을 잘하는 것 못지않게 비언어적 행동, 즉 트럼프가 보여준 과감한 보디랭귀지body language가 중요하다.

셋째, 상대가 자신도 모르는 사이 무의식적이고 비자발적으로 협상자가 원하는 것을 내놓게 하는 것이다.

이렇게 본다면 트럼프는 정확히 하버드대학교에서 말하는 고차원의 협상을 했으며, 전략적 마인드를 가진 뛰어난 협상가로서 대선을 승리로 이끌었다.

03
—

협상 이론 측면에서
트럼프의 승리 요인 분석

——
으르렁거리는 사자와도 같은 강한 승부 근성과 경쟁자 후려치기

학자들의 연구에 따르면, 뛰어난 협상가에게 요구되는 가장 중요한 자질 가운데 하나가 승부 근성persistence이다. 궁지에 몰려도 절대 포기하지 않고 끈질기게 버티어 결국 승리한다.

트럼프가 살아온 길을 살펴보고 대선 캠페인에서의 언행을 보면 그는 사자와도 같은 강한 승부사의 근성을 지녔다. 협상이론의 세계에서 인간 트럼프를 다음과 같이 요약할 수 있다.

바로 '으르렁거리며 먹잇감을 노리는 노회한 사자와도 같은,

강한 승부 근성을 지닌 억만장자 협상가'이다. 그래서인지 트럼프의 사진과 포효하는 사자의 모습이 정말 똑같다.

워싱턴부터 링컨, 시어도어 루스벨트, 레이건, 오바마에 이르기까지, 이렇게 묘사할 만한 대통령은 단 한 명도 없다. 역대 대통령 중에 트럼프 같은 억만장자도 없었고 사자에 비유할 정도로 공격성과 잔혹성을 보인 사람도 거의 없었다. 20세기 초 사냥과 모험을 즐기던 시어도어 루스벨트 대통령이 곰에 비교될 정도랄까?

〈내셔널지오그래픽〉을 보면 사자의 공격성은 전광석화 같은데다 잔인하고 교활하기까지 하다. 물소 떼나 아프리카 초원의 사슴, 가젤 무리를 공격할 때 젊고 강한 놈에게는 절대 대들지 않는다. 동물적 후각으로 그 많은 무리 중에서 약점이 있는 상대, 즉 늙고 병들었다거나 상처를 입은 가젤이나 물소를 정확히 알아내 무자비하게 공격한다. 물어뜯더라도 건강한 부위보다는 다친 부분을 집중적으로 노린다.

트럼프 역시 으르렁거리는 사자와도 같이 공화당 예비 후보 토론에서 쟁쟁한 후보들을 공격해 한 명 한 명 때려 눕혔다.

"당신은 도저히 에너지가 없어 보인다!"

W. 부시 전 대통령의 동생이며 이번 캠페인에서 가장 많은 선거 자금을 모은 젭 부시J. Bush 전 플로리다 주지사에게 그가 던진 독설이다.

사실 좋게 말하면 귀공자처럼 생긴 젭 부시였지만 사자와 같은 트럼프 옆에서는 매가리 없는 그저 양순한 토끼 같아 보일 뿐이었다.

몇 년 전부터 젭 부시가 대선을 향해 뛸 때 가장 큰 장점은 부인이 멕시코 인이기 때문에 히스패닉 표를 많이 얻을 수 있으리라는 것이었다.

그런데 "부인이 멕시코 사람이니 당신도 반은 멕시코 인이다!"라는 트럼프의 말 한마디에 졸지에 반 멕시코 인이 되어 버렸다.

대개의 정치인들은 선거에서 자신의 약점을 공격받으면 방어하기에 바쁘다. 그런데 트럼프는 현란한 여성 편력, 세금 등에 대해 비난을 받을 때, 방어하기보다는 사자처럼 공격적으로 상대의 약점을 물고 늘어졌다.

CNN 대선 1차 텔레비전 토론에서 힐러리 로댐 클린턴이 지난 18년간 연방 소득세를 한 푼도 내지 않은 것에 대해 트럼프를 공격하자 "개인적으로 사용한 이메일 3만 9,000개 모두를 공개하면 자신의 세금 납부 내역을 밝히겠다"라고 맞받아쳤다.

협상 이론에서 말하는 전형적인 '벼랑 끝 전술brinkmanship'이다. 힐러리 클린턴이 개인 이메일을 공개하고 트럼프도 세금 납부 내역을 공개하면 두 사람 모두 결정적 상처를 입는다.

선거 후반기에 과거의 여성 편력이 드러나며 공격을 받게 되자 트럼프는 빌 클린턴 전 대통령의 르윈스키 사건을 걸고넘어졌다. 텔레비전에 비친 빌 클린턴 전 대통령의 모습을 보고 '이건 좀 너무하는구나' 하는 생각이 들 정도였다.

트럼프의 전체 유세 과정을 통틀어 단 한순간도 편한 날이 없었다. 상대 후보에게 지지도에서 밀리는가 하면 여성 편력과 비하, 세금 논란, 인종 비하 등으로 끝도 없이 공격을 받았다. 그런 그를 지켜보며 공화당은 '이런 괴짜를 어떻게 우리 당 후보로 내세울 수 있겠는가' 하고 끊임없이 흔들렸다.

특히 선거일을 얼마 앞둔 2016년 10월 9일 '음담패설 비디오'가 언론에 대대적으로 보도됐을 때는 지지율이 38%까지 떨어졌다. 존 매케인 상원 의원 등 공화당 주요 인사들은 공개적으로 트럼프 지지 철회 발언을 하고 후보 사퇴까지 요구하고 나섰다.

이쯤 되면 보통 정치인들 같으면 일찌감치 포기했을 것이다. 그러나 트럼프는 달랐다. 결코 포기하거나 기죽지 않고 성난 사자처럼 으르렁거리며 결국 승리를 거머쥐었다.

그는 이런 승부 근성을 비즈니스를 할 때도 어김없이 발휘했다. 그가 애틀랜틱시티에 토지를 매입해 카지노 호텔을 짓기까지의 과정을 보면 정말 놀랍다. 토지 소유주가 여러 명이고 서로 다투고 있었던 데다가, 정작 시 당국이 완공 허가를 해줄지조차도 미지수였다.

트럼프의 승부사다운 근성은 또한 지난 25년간 네 번 파산을 하고도 오뚝이처럼 다시 일어난 데에서도 찾아볼 수 있다.

CNN 2차 토론에서 트럼프는 〈워싱턴포스트〉의 표현을 빌리자면 "먹잇감을 노리는 사자같이 끊임없이 무대 위를 어슬렁거렸다". 클린턴이 이야기할 때 바로 뒤에 서 있기도 하고 위에서 청중을 향해 손가락질을 하기도 했다. 전문가들의 분석에 따르면, 이는 아주 뛰어난 협상가들만이 할 수 있는 의도적 행동이다.

먼저, 인간은 누군가가 뒤에 서면 본능적으로 불안감을 느낀다는 것이다. 그래서 그런지 인체의 등 쪽 피부가 앞쪽 배나 가슴 피부보다 4배나 두껍다고 한다. 뒤에서 가해지는 공격에 대비하기 위한 것이다. 당연히 클린턴도 뒤에 서 있는 트럼프에게 심리적 부담감을 느꼈을 것이다.

둘째, 발언하는 클린턴 뒤에서 어슬렁거림으로써 청중의 시선을 다른 곳으로 분산했다. 클린턴이 하는 말은 건성으로 듣고 흥미로운 트럼프의 행동에 많은 시선이 가는 것이다.

마지막으로, 덩치 큰 트럼프가 클린턴 뒤에 서면 TV 화면에서는 마치 클린턴이 거대한 사자 앞에선 온순한 양처럼 작고 초라하게 보일 수도 있다. 강한 지도자를 뽑는다는 대통령 선거를 생각할 때 트럼프에게 유리한 것이다.

전문가들이 말하는 클린턴의 큰 실수는 트럼프가 서서 저돌적으로 사자와 같이 어슬렁거릴 때 그냥 의자에 앉아 있었다는 것이다. 당차게 일어나서 정면으로 맞서는 모습을 보였더라면 더욱 좋았을 텐데 말이다.

트럼프의 손가락질이다. 이건 미국 같은 사회에서는 정말 하지 말아야 할 행동이다. 상대가 인격적으로 모독을 느낀다. 그런데 트럼프는 하지 말라는 짓을 많이 했다. 손가락질을 청중, 상대 후보자 가리지 않고 셀 수  없이 해댔다. 그런데 그의 이러한 행동이 유권자들에게 강하게 핵심을 파고든다는 이미지를 준 것 같다. 같은 행동을 해도 하는 사람에 따라 효과가 다르게 나타나는 모양이다.

특히 CNN 2차 토론에서는 발언하는 클린턴 뒤에 서서 청중석에 있는 자신의 지지자들에게 '뭔가 의미 있어 보이는 손가락질'을 했다. 그의 이러한 비언어적 행동이 클린턴이 전하는 언어적 메시지의 효과를 상당히 김빠지게 했다.

입을 꽉 다물고 눈을 지그시 감은 모습이다. 어찌 보면 동화적으로 귀여워 보이기도 한다. 이건 트럼프가 아주 자주 해 보이는 제스처다. 전문가들은 이러한 몸짓이 그에게 'OK'를 의미하지는 않는다고 말한다. 자신이 말하는 것은 진지하게 이행하겠다는 시그널을 보내는 보디랭귀지라는 해석이다.

양손을 펼친 모습도 자주 볼 수 있었는데, 이는 그가 뭔가를 궁리하거나 끝내겠다는 표현이다.

미국 대선의 '표밭 냄새'를 정확히 맡은 놀라운 동물적 후각

뭐니 뭐니 해도 기업가는 돈 냄새를, 정치가는 표밭 냄새를 잘 맡아야 한다. 트럼프는 맨해튼, 애틀랜틱에서 부동산 개발 사업을 할 때 대박을 터뜨릴 수 있는 '땅 냄새'를 정확히 맡았다. 날로 침체해가는 맨해튼 한가운데에 버려져 있던 낡고 지저분한 코모도르 호텔을 인수할 때도 이 호텔이 수많은 뉴요커들이 출퇴근하는 그랜드 센트럴 지역에 있다는 '땅 냄새'를 잘 맡았다. 루비오, 클린턴, J. 부시가 히스패닉과 흑인의 표심 잡기에 열중하고 있을 때 트럼프는 과감히 그들을 포기하고 백인 표밭의 냄새를 맡는 데 집중했다.

사실, 백인은 전체 유권자의 70%를 차지하고 있으며 투표율도 2012 대선 때 72%이었던데 반해, 히스패닉의 투표율은 간신히 10%를 넘겼다.[5] 2016 대선에서 백인의 투표율이 70%로 히스패닉의 11%를 훨씬 넘어섰으니 그가 맡은 '표밭 냄새'가 적중한 셈이다.

트럼프만이 할 수 있는 역설의 '분노 마케팅'

"미국에 불법으로 들어오는 히스패닉은 범법자거나 마약 중독자가 많다. 나는 멕시코와의 국경에 아름다운 장벽을 쌓아 이들이 들어오지 못하게 하겠다."

2015년 여름 공화당 예비 토론 당시 트럼프가 마이크를 잡고 내뱉은 폭탄선언이다. 전 플로리다 주지사 J. 부시와 플로리다 상원 의원 루비오, 텍사스 주 상원 의원 테드 크루즈Ted Cruz 등 막강한 15명의 공화당 대선 후보 틈에서 초짜인 트럼프가 엄청난 말을 한 것이다.

그의 말은 미국 같은 다인종 사회에선 절대 받아들일 수 없는 인종 차별적 발언이다.

전체 유권자의 17%를 차지하는 히스패닉을 분노하게 했으니 트럼프는 무대에 오르기도 전에 이미 끝난 것이나 다름없었다.

그런데 놀랍게도 그는 이후 다른 유세에서는 수도 없이 "아이 러브 히스패닉 피플!I love Hispanic People!"을 외쳐댔다. 정말 절묘한 트럼프식 화술이다. 일단 히스패닉 돌출 발언으로 언론의 관심을 끌어 목적을 달성하고 나서부터는 히스패닉 끌어안기를 시작한 것이다.

이처럼 분노를 이용한 마케팅 덕분에 트럼프의 지지도는 3%에서 12%로 단숨에 뛰어올랐다. 분노는 매스컴의 뉴스거리가 됐고, 이는 그동안 그에 관해 무관심했던 백인들의 지지를 얻는 계기를 마련해줬다.

날아오는 화살도 피하는 절묘한 트럼프식 화술

우리들이 잘못 알고 있는 것 가운데 하나가 협상에서 상대가 질문하면 꼭 대답을 해야 한다는 공자님 같은 생각이다. 물론 강의실이나 세미나에선 대답을 해야 하겠지만, 협상 학자들의 연구에 따르면 치열한 협상에서 상대의 질문에 대답할 의무는 없다.

트럼프는 선거 막바지에 새로 들춰진 여성 스캔들로 궁지에 몰렸을 때 이 점을 절묘하게 이용했다. CNN 3차 토론에서 사회자가 무려 9명에 이르는 여성을 성희롱한 것에 대해 날카롭게 파고들자 그는 이렇게 대답했다.

"나는 그런 행동을 자랑스럽게 여기진 않는다. 부끄럽게 생각한다. 빌 클린턴도 여자를 희롱했다. 우리는 다시 미국을 위대한 나라로 만들어야 한다. 또한 ISIS 같은 테러리스트도 퇴치해야 한다."

언뜻 들으면 정말 두서없는 횡설수설이다. 그러나 전문가들은 이를 절묘한 '관심 분산 화법'이라고 분석한다. 일단 부끄럽게 여긴다고 잠깐 이야기하고 얼른 화제를 다른 곳으로 돌린다. 곧이어 상대 후보의 남편을 물어뜯고, 미국을 다시 위대하게 만들어야 한다고 심각하게 말한 다음 국제 테러리즘에 대해 이야기한다. 청중을 산만하게 만들어 관심을 여러 곳으로 분산시키는 고도의 전략이다.

04
—

하버드 협상 모델로 본
트럼프 협상

___

전형적인 하드-포지션 협상가Hard-positional Negotiator

하버드대학교의 로저 피셔, 윌리엄 유리 교수에 따르면, 세상에는 3가지 종류의 협상가가 있다고 한다. 원칙 협상가Principled Negotiator와 소프트-포지션 협상가Soft-positional Negotiator, 그리고 마지막으로 하드-포지션 협상가Hard-positional Negotiator이다.

그렇다면 트럼프는 이 셋 중 어떤 스타일의 협상가일까?

생애 전반에 걸쳐 트럼프가 보인 사업가로서의 행적과 대통령 유세 기간 동안 보인 신선한 충격(!)의 언행을 보면 두말할 나위 없이 그는 하드-포지션 협상가이다. 먼저 피셔-유리 교수가 말하는 하드-포지션 협상가의 특징을 살펴보자.

첫째, 하드-포지션 협상가는 상대를 적대시하기 때문에 협상의 목표는 곧 승리이다. 이에 자신이 협상에서 이기기 위해 끊임없이 상대에게 양보를 요구한다. 트럼프도 자신의 저서에게 이 점을 스스로 인정하고 있다.

나는 협상에서 승리를 위해서라면 법에 어긋나지 않는 범위 내에서 거의 모든 일을 거침없이 한다. 협상에서 타협은 결코 바람직하지 못하다. [6]

반면, 소프트-포지션 협상가에게 협상의 목표는 원만히 합의에 도달하는 것이다. 협상 상대를 친구로 보기에 당연히 이런 행동을 한다. 과거 한미 간에 통상 분쟁이 심각했을 때 국내 언론이 떠들고 국민들이 불안해하자 대미 협상 테이블에 앉은 우리나라 협상가들이 흔히 보인 태도다. 미국과 원만한 통상 관계를 유지하기 위해 적당히 양보하고 합의해버리는 것이다.

둘째, 하드-포지션 협상가는 관계를 담보로 양보를 요구한다. '우리하고 계속 거래하려면 이번에는 양보하라' 는 식이다. 이 점에선 트럼프의 아버지 프레드 트럼프Fred Trump가 달인이다. 뉴욕 브루클린과 퀸스에서 서민용 주택을 지을 때 그는 건축 청부업자에게 낮은 가격을 제시했다. 그러고는 이렇게 상대를 설득했다.

"알다시피 뉴욕에서 계속 건물을 짓고 있다. 이번에는 조금 낮은 가격으로 건축하더라도 나와 좋은 관계를 유지하면 계속 일거리를 주겠다."

트럼프의 추억에 따르면 아버지의 이 같은 협상 전략은 상당히 설득력이 있었다.

반대로, 소프트-포지션 협상가는 좋은 관계를 유지하기 위해 상대에게 양보한다. 군사 동맹인 미국과 좋은 관계를 유지하기 위해 흔히 일본과 한국의 협상가가 보이는 태도다.

셋째, 협상 상대를 대하는 태도의 차이이다.

하버드 모델의 원칙 협상가는 "협상 테이블에선 거칠게 다투지만Be hard on the issues, 개인적으로 상대에겐 친절하라Be soft on the people"라는 지침을 따른다. 미국의 교수들이 기업가들에게 협상을 가르칠 때 가장 많이 하는 이야기다. 사실 우리가 비즈니스나 유학을 하며 만나게 되는 대부분의 미국인들은 회의실에선 거칠게 다투지만 일단 문밖으로 나서면 언제 그랬냐는 듯이 부드러운 태도로 변한다.

여기에 반해 우리나라를 포함한 동양 협상가들이 범하는 가장 커다란 잘못은, 상대에겐 굳은 표정으로 험하게 대하고_{Be hard on the people}, 막상 협상 테이블에선 어처구니없이 양보하는 것이다_{Be soft on the issues}.

그런데 문제는 트럼프 협상 태도는 이도 저도 아닌, 상대도 험하게 다루고 협상도 거칠게 한다_{Be hard on the people, Be hard on the issues}.

CNN 토론에서 빌 클린턴과 이메일 약점을 잡고 늘어지며 힐러리 클린턴을 무섭게 몰아붙이는 것을 보라. 외신들이 "어슬렁거리며 먹잇감을 노리는 사자" 같다고 할 정도였다.

아무튼 빌 클린턴부터 W. 부시, 오바마 대통령까지 무수한 선거 유세를 모아놨지만, 지금까지의 미국 대통령과는 전혀 다른 협상 철학의 소유자인 것은 틀림없다. 앞의 멕시코 대통령과 악수하는 사진에서도 봤듯이 상대에게 위압적 태도를 보이고, 협상 테이블에서도 만만치 않게 군다.

끝으로 하드-포지션 협상가와 소프트-포지션 협상가의 가장 큰 차이는 협상 전략의 도덕성에 관한 인식의 차이다. 리처

피셔-유리Fisher-Ury 이론 모델에서의 3가지 협상 유형

구분	하드-포지션 협상	소프트-포지션 협상	원칙 협상
상대에 대한 인식	적대자(adversary) 상대를 불신	친구 상대자를 신뢰	문제 해결자 (problem solver)
협상 목적	승리	합의	현명한 합의
합의에 대한 인식	합의 대가로 일방적 양보 요구	합의를 위해 일방적 양보	상호 이익을 얻는 방법 모색
관계	관계를 담보로 양보를 요구	관계를 돈독히 하기 위해 양보	관계로부터 협상을 분리
포지션의 변화	초기 입장을 고수	입장을 자주 바꿈	입장보다는 협상 이익에 초점을 둠
협상자의 태도	상대와 협상 이슈에 대해 강경한 태도 (Be hard on the issues & the people)	상대와 협상 이슈에 대해 부드러운 태도 (Be soft on the issues & the people)	협상 이슈에는 강경하나 상대에게는 부드러움 (Be hard on the issues, but soft on the people)
협상 전략	위협과 압력	위협에 굴복	이성에 따를 뿐 압력에 굴복하지 않음

드 쉘 교수에 따르면, 협상에서의 도덕성에 관해 3가지 학문적 주장이 있다.

이상주의 학파Idealist School는 이유 여하를 막론하고 비도덕적 행동을 해선 안 된다고 주장한다. 설사 협상에서 손해를 보더라도 도덕적으로 행동해야 한다는 것이다. 공자님 말씀이다. 적어도 스승과 제자, 부모와 자식 간의 협상에선 맞는 말일 듯싶다.

반면에 포커 학파Poker School의 협상은 포커 게임과 같다. 포커

판에서 정직하게 게임하는 사람을 봤는가. 모두 적당히 꼼수로 속이고 블러핑(bluffing, 자신의 패가 상대편보다 좋지 않을 때, 상대를 기권하게 할 목적으로 거짓으로 강한 베팅이나 레이스를 하는 것)한다. 협상도 포커게임과 마찬가지다. 자신의 명성이나 상대와의 관계는 뒤로 제쳐두고 당장의 협상에서 조금이라도 많은 것을 얻는 데만 관심을 가진다. 그러기 위해서는 비도덕적인 행동을 얼마든지 해도 된다. 그러나 포커 학파는 비도덕적 행위를 하더라도 절대 불법 행위는 하지 않는다. 이렇게 보면 트럼프의 협상에 대한 도덕관은 정확히 포커 학파와 일치한다.

Negotiation

2장

—

도널드 트럼프에게서
배우는 협상 전략

Donald Trump

01
—

거친 '파이트-백(Fight-Back)' 전략

—
부당하게 덤비는 상대는 거칠게 반격한다

트럼프 대통령의 파이트-백Fight-Back 전략에 첫 케이스로 말려든 사람은 보잉 CEO 데니스 뮬렌버그Dennis Muilenburg이다. 2016년 12월 초 〈시카고 트리뷴〉과의 인터뷰에서 겁 없이(!) 트럼프의 '중국 후려치기China-Bashing'를 비판한 것이다.

"보잉 항공기의 1/4 정도가 에어버스와 치열하게 경쟁하며 중국에 판매되고 있다. 그런데 트럼프 대통령이 고율의 관세를 부과하여 중국 지도자들의 심기를 건드리면, 중국이 보복적으로 에어버스를 구매하여 보잉이 큰 타격을 입을 것이다."

말은 맞는 말이다. 하지만, 이런 식으로 미국 기업들이 트럼프의 정책에 시비를 걸기 시작하면 중국 후려치기를 하기도 전에 내부 분열로 무너질 판이다. 트럼프로선 절대 용납 할 수 없는 일이다.

그의 반응은 즉각적이고 단호하였다. 보잉 CEO의 기사가 난후 몇 분 만에 트위터에 "보잉이 생산하는 미국 대통령 전용기 '에어 포스 원Air-Force One'의 가격이 어리석을 정도를 비싸다"라고 비판한 다음 짧은 두 단어를 트위터에 날렸다.

"주문 취소Cancel Order!"

지난 50년간 독점적으로 대통령 전용기를 공급해온 보잉사로선 날벼락이다. 으르렁거리는 사자에게 겁 없이 덤벼들었다가 트럼프의 파이트-백 반격에 크게 한방 맞은 것이다. 앞으로 절대 보잉은 트럼프 대통령의 정책에 도전하지 못할 것이다.

캠페인 기간 중에서도 그는 이런 파이트-백을 보여주었다.

필자가 CNN 대선 2차 TV 토론을 보다가 깜짝 놀랐다. 트럼프가 사회자에게 거의 삿대질을 하며 대들고 있었던 것이다.

"왜 클린턴에게는 시간을 많이 주고 나에겐 불리하게 대하느냐!"

"나는 지금 1 대 3으로 싸우고 있다. 적대적인 사회자 2명과 클린턴 후보를 상대해야 한다."

빌 클린턴, W. 부시, 오바마 대통령에 이르기까지 많은 대선 TV 토론을 봐왔지만 대통령 후보가 사회자에게 삿대질을 하며 대드는 건 처음 보았다. 일단 카메라 앞에 서면 다른 대선 후보자들은 사회자에게 깍듯이 예의를 갖췄다.

2016년 12월 초 중국과 미국 언론이 난리가 났다. 트럼프가 중국의 지도자와 접촉을 하기 앞서 차이잉원Tsai Ing wen 타이완 총통과 먼저 통화를 한 것이다. 이는 1979년 미국과 중국이 맺은 '하나의 중국One China Policy' 원칙을 심각하게 위반한 것으로, 중국 외교부는 즉각 항의 성명을 냈다.

다음 날 트럼프는 "그러는 너희 중국은 남중국해 문제를 사전에 미국과 협의했냐? 걸려 온 축하 전화 좀 받은 걸 가지고 뭘 그리 난리냐"라고 거세게 맞받아쳤다. 평소 그의 소신대로 파이트-백 한 것이다.

트럼프는 확실히 다르다. 이런 행동은 그의 저서 《협상의 기술》에서 밝혔듯이 '파이트-백'이라는 그의 평소 소신에서 나온 것이다.

나는 대부분 사람들과 잘 지낸다. 나에게 잘 대해주는 사람들에겐 잘 대해준다. 하지만 나에게 나쁘게 하거나 불공정하게 대하면, 나는 그들에게 철저히 응징한다. 나는 어렸을 때부터 지금까지 전 생애를 통해 그렇게 해왔다.[7]

초등학교 2학년 때 음악 선생님 얼굴에 멍이 들게 한 적이 있다. '음악에 대해 아무것도 모른다'고 꾸짖어서 주먹을 휘두른 것이다. 그 일로 학교에서 쫓겨날 뻔했고, 그 사건을 자랑스럽게 생각하고 있지는 않다. 하지만 나는 어릴 때부터 폭력적인 방법을 써서라도 내 생각을 알리려 했다. 협상에서 그런 '파이트-백' 정신은 지금도 변함이 없다. 차이가 있다면 지금은 주먹 대신 머리를 써서 다양하게 반격을 한다는 점일 것이다.[8]

협상에서 모든 것을 '긍정적'으로 처리하고 싶지만 때론 한판 붙지 않을 수 없는 때가 있다. 나는 그럴 때 정말 거칠게 상대와 협상했다. 사실 이건 다른 사람에게 추천할 만한 좋은 것은 아니다. 잘못하면 협상이 더 꼬일 수도 있기 때문이다. 그러나 나의 경험에 따르면 내가 옳다고 생각하는 것을 위해 싸웠을 때 늘 좋은 결과가 따라왔다.[9]

그의 이 같은 파이트-백 정신을 잘 보여주는 사례가 바로 뉴욕 시가 트럼프 타워에 부당한 세금을 부과했을 때다. 트럼프는 뉴욕 시를 상대로 무려 6개의 소송을 걸었다. 소송비도 엄청나게 든데다 처음엔 승소할 확률이 낮았지만 '부당하게 대하는 상대에겐 철저히 반격한다'는 평소의 신념에 충실했고 끝내 승소했다.

우리가 협상을 할 때 가장 많이 고민하는 점은 상대가 너무 심하게 몰아붙인다거나 부당하고 질이 나쁜 상대를 만났을 때 어떻게 대처하느냐다. 이때 불편한 우리 마음속에는

'조금은 거칠고 비도덕적인 행위로 맞받아칠 것인가',

아니면 '사회적 지위나 평소 소신대로 점잖게만 행동할 것인가' 하는 것이다.

세상에 점잖고 좋은 사람들만 있어서 도덕적이고 화기애애한 협상만 할 수 있다면 얼마나 좋겠는가? 하지만 트럼프가 잔뼈가 굵은 뉴욕은 그렇지 않았다. 오죽하면 "뉴욕 비즈니스맨 3명 중 1명은 상습적 거짓말쟁이persistent liars"라고 하겠는가.

틈만 보이면 납품 거래 가격을 속이려 드는 건축 자재업자, 불량 건물을 지어 한몫 챙기려하는 청부 건설업자를 상대해야만 했으니 트럼프는 생애에 걸쳐 늑대나 사자와도 같은 상대들과 협상을 해왔을 것이다.

이 같은 고민은 트럼프만 한 것이 아니다. 하버드대학교의 하워드 라이파Howard Raiffa 교수가 '도덕적 협상의 사회적 게임'[10]이라는 좋은 이론을 소개했다. 트럼프가 주장하는 것처럼 협상가가 거칠게 나오는 여부는 상대의 협상하는 태도에 달려 있다는 것이다.

여러분의 협상 상대가 100명이라고 하자.

좋은 사람들만 만나 100명 모두가 도덕적으로 행동할 때, 여러분도 똑같이 도덕적으로 협상하면 100달러를 얻을 수 있다.

하지만 이때 약간 비도덕적으로 기만 술책을 쓰면 200달러를 얻을 수 있다.

하지만 세상에 양 같은 사람들만 있는 게 아니다. 때론 틈만 나면 속이려 드는 상대와 협상 해야만 할 때도 있다.

협상 상대 100명 모두가 비도덕적으로 행동할 때 여러분만 도덕적으로 협상하면 100달러를 손해 본다. 하지만 트럼프처럼 '파이트-백'으로 거칠게 받아치면 적어도 손해는 보지 않는다.

라이파 교수의 이러한 이론에 따르면, 부동산업자로서 트럼프는 반﹢사기꾼이 득시글거리는 뉴욕의 생태계에 걸맞은 가장 현실적인 협상 전략을 선택한 셈이다. 결론적으로 라이파 교수가 추천하는 협상 전략은 간단하다.

"상대의 태도를 보고 되받아쳐라_{Respond in kind}."

상대가 도덕적이면 도덕적으로 협상하고, 비도덕적이면 똑같이 거칠게 나가라는 것이다. 아니면 협상에서 손해를 보게 된다.

02
—

지렛대(leverage)로 협상의 판을
뒤흔들어라

협상력을 높여주는 지렛대

대통령 당선 후 트럼프가 타이완 총통과 통화한 것을 놓고 워싱턴에선 말이 많았다. W. 부시 행정부에서 국무성 아·태 담당 차관보를 지낸 크리스토퍼 힐Christopher Hill은 CNN과의 인터뷰에서 이 같은 트럼프의 행동을 "중대한 외교적 실수"라고 비난했다. 이는 트럼프가 지금까지의 대통령들과는 전혀 다른 유형의 지도자라는 것을 모르고 하는 말이다.

협상의 세계에서 볼 때 트럼프는 '지렛대leverage' 전략을 쓴 것이다. 취임하면 만만치 않은 중국과 어차피 한판 붙어야 할 텐데 미국의 협상력을 높일 만한 지렛대를 만들어놓을 필요가 있었다. 그게 바로 '타이완 카드'다. 중국과 밀고 당길 때 타이완 카드를 만지작거리며 기존의 '하나의 중국' 정책을 슬슬 흔들어봐라. 베이징은 분노하겠지만 자기도 모르는 사이 미국에 한 수 밀리게 된다.

트럼프는 자신의 저서에서 지렛대 전략에 대해 이렇게 설명한다.

협상에서 가장 나쁜 것은 꼭 성사시켜야겠다고 달려드는 것이다. 상대는 당신의 조급함을 보고 데리고 놀려고 할 것이다. 그러면 협상은 백전백패다. 협상할 때는 항상 자신을 유리하게 해줄 지렛대를 가져야 한다. 이 지렛대는 이미 존재하기도 하지만 때로는 당신의 상상력이나 세일즈맨십도 이용해서 일부러 만들기도 해야 한다.[11]

1971년 맨해튼의 노른자위인 그랜드 센트럴 지역에 위치하면서도 경영을 잘못해 망해가고 있던 뉴욕 코모도르 호텔을 사고자 구매 협상을 할 때다.

협상 자체도 정말 힘들었지만 설사 당사자 간에 협상이 성사되더라도 뉴욕 시가 허가를 내주지 않을 가능성이 있었다. 당시 코모도르 호텔이 뉴욕 시에 600만 달러의 세금을 체납하고 있었기 때문이다.

트럼프는 묘안을 짜냈다. 지렛대를 하나 만들기로 한 것이다. 먼저, 호텔주를 설득해 '곧 호텔 문을 닫을 것'이라고 발표하게 했다. 어차피 망해가는 호텔이었으니까.

폐업 계획이 발표되자마자 뉴욕의 신문들이 일제히 1면 톱으로 직장을 떠나게 될 호텔 종업원들과 폐업으로 불안에 떨고 있는 주변 상점 주인들에 대한 기사를 실었다. 트럼프는 이 기회를 놓치지 않고 "그랜드 센트럴 지역에 폐업한 호텔이 생긴다는 것은 뉴욕의 재앙이다"라고 거침없이 떠들고 다녔다. 결국 뉴욕 시는 파격적인 세금 감면과 함께 호텔 거래를 승인해줬다.

40년간 이런 식의 세금 감면 혜택으로 트럼프는 수천만 달러를 아낄 수 있었다. 역시 트럼프는 협상의 달인이다. 2016년 가을 CNN 토론에서 상대 후보자가 "18년간 연방 소득세를 한 푼도 내지 않았다"라고 공격한 까닭을 짐작할 수 있는 대목이다.

좋은 지렛대가 상대에 대한 협상력bargaining power을 높여주는 것은 분명하다. 이 같은 지렛대는 대부분 주변에 존재하고 있는데, 그것들이 자신의 협상력을 높일 수 있는 지렛대인 줄을 알아차리지 못하는 경우가 많다. 따라서 협상가는 협상 테이블에서 도움을 줄 지렛대를 잘 찾아서 활용해야 할 뿐만 아니라, 트럼프가 말했듯이 의도적으로 지렛대를 만들 줄도 알아야 한다.

03

—

예측하기 힘든 통 큰
'싱크-빅(Think-Big)' 협상 전략

—

맨해튼에서 통 크게 사업을 시작하다

나는 아버지 프레드 트럼프로부터 많은 영향을 받았다. 아버지
는 1922년 고등학교를 졸업하고 생계를 위해 대학 진학을 포기
했다. 목수 일로 시작해 뉴욕의 서민이 모여 사는 퀸스와 브루클
린 등에 값싼 벽돌집을 지어 돈을 벌었다. 아버지는 엄청나게 검
소하며 일하는 것 자체를 사랑하셨다. 나는 이런 아버지로부터
1달러라도 아끼라는 가르침과 함께 열심히 일하는 것을 배웠다.
하지만 1971년 25살에 사업을 물려받았을 때 나는 아버지와 좀

다르게 '통 큰 일'을 하고 싶었다. 그래서 서민이 사는 브루클린이 아닌 뉴욕의 중심, 아니 세계의 부자들이 모인 맨해튼으로 가기로 했다.

그는 시시한 서민용 벽돌집이 아닌 모든 사람이 놀랄 만한 멋진 기념비적 건물을 짓기로 결심하였다. 아버지 프레드 트럼프에게서 사업가적 기질을 물려받았으나 다만 근면 성실하고 건축업자들의 원가를 깎는 데 집착했던 아버지와는 전혀 다르게 통 큰 사업을 맨해튼에서 벌이기로 한 것이다.

그러고는 뉴욕 한복판에 우리가 잘 아는 트럼프 타워를 지었다. 무려 200만 달러를 들여 건물 내부에 24미터에 이르는 폭포를 만들었고, 멋진 청동제 에스컬레이터를 만드는 데는 보통 에스컬레이터보다 100만 달러를 더 투자했다. 트럼프는 그 건물의 호화로움을 이렇게 묘사한다.

로비 바닥과 6층까지 이탈리아제 최고급 대리석을 사용했다. 뉴욕에서 이런 대리석을 본 적이 없는 사람들은 연한 자주색 대리석이 친근하고 생기 있고 활기를 준다고 말했다. 이 건물엔 매우 사치스럽고 사람을 흥분시키기에 충분한 뭔가 신비한 것이 있어 방문객이 쇼핑을 하면서 돈을 쓰도록 만든다.[12]

상상을 초월하는 '싱크-빅' 투자를 하여 명품 건물을 만든 것이다. 보통 맨해튼에 비슷한 크기의 건물을 짓는 데 드는 비용보다 엄청나게 많은 돈을 쏟아부었지만 남들의 예상보다 훨씬 높은 가격으로 팔아 투자비를 거뜬히 회수했다. 트럼프는 자신의 이 같은 통 큰 협상에 대해 아래와 같이 말한다.

보통 사람들은 통 크게 생각하며 과감한 결정을 내리는 것을 두려워한다. 그 같은 '싱크-빅'이 커다란 성공을 가져올 수 있는데도 말이다.

나는 생애를 통해 무슨 일을 결정하거나 사업 구상을 할 때 통 크게 생각하고 협상했다. 이 같은 '싱크-빅'이 오늘날의 나를 만들었을지도 모른다.[13]

세계를 불확실성과 예측 불허에 빠트린 통 큰 '싱크-빅'

트럼프처럼 통 크게 싱크-빅 한다는 것은 남들이 미처 생각 못하거나 이해하기 힘든 엉뚱한 행동과 말을 하며 협상한다는 걸 의미한다. 따라서 상대 그의 행동을 예측하기 힘들고 협상에서의 불확실성은 그만큼 커진다.

지금 세계는 트럼프 대통령의 이 같은 통 큰 싱크-빅 협상 전략 때문에 예측 불허의 혼란에 빠져있다. 오랜 기간 이어져 내려온 국제관계와 워싱턴의 문화를 뒤흔드는 정말 통 큰 일들을 당선 된 후에 계속 벌이는 것이다.

　트럼프는 러시아 블라디미르 푸틴의 친구(!)인 렉스 틸러슨 Rex Tillerson 전 엑슨모빌 사장을 미국 외교를 책임지는 국무장관 자리에 앉혔다. 틸러슨은 전혀 공직 경험이 없는 진짜 에너지 맨이다. 이건 확실히 통 큰 베팅이기에 앞으로 미국 중국 러시아 간의 관계와, 미국의 에너지 정책에 어떤 돌풍이 몰아칠지 모른다.

　타이완 총통과 통화해 미중 외교 관계의 골격인 '하나의 중국' 정책을 뒤흔들고, "중국을 때리자"고 외치고 다닌 피터 나바로 Peter Navarro 캘리포니아대 교수를 신설되는 국가무역위원회 National Trade Council 위원장으로 임명했다. 미국과 중국 관계에 짙은 안개가 끼고 있다. 미국과 중국이 한바탕 크게 붙어서 무역 전쟁을 일으킬 것 같다.

　일부에서는 이 같은 트럼프 대통령의 행보를 비판하지만, 필자는 그렇게 생각하지 않는다. 트럼프 대통령의 다음 행동을 예측하기 힘들어 불확실성이 크면 클수록 미국의 협상 상대국은 그만큼 헤매게 된다. 제일 쉬운 협상은 상대국의 전략을 예측할 수 있을 때이다. 바둑판에서 상대의 다음 수를 미리 읽을 수 있다면 백전백승이다. 반대로 제일 어려운 협상은 지금의 트럼프 대통령 같이 언제 어디로 튈지 모르는 럭비공같이 행동할 때일 것이다.

———

사업 실패 때도 배짱 좋은 통 큰 '싱크-빅'

트럼프는 미국에서 모두가 혀를 내두르는 '부동산 제왕real estate mogul'이 됐는데, 재미있는 것은 사업이 잘될 때뿐만 아니라 투자에 실패했을 때도 정말 통 크게 '싱크-빅'을 했다. 1990년대 애틀랜틱시티에 투자한 타지마할 등 3개의 카지노가 엄청난 적자를 냈다. 천하의 트럼프도 완전히 헛발을 디딘 것이다.

3개 카지노의 부채가 무려 13억 달러에 달해 결국 1992년에 파산 신청을 했다. 물론 여기에 투자한 수많은 투자자와 은행이 손해를 봤고 트럼프도 투자 지분을 포기했다. 그런데 트럼프의 '싱크-빅'이 여기서도 기발하게 발휘한다. 통 크게 위기를 기회로 바꿔버리는 식이다.

2016년 11월 1일 자 〈뉴욕타임스〉는 트럼프가 1995년 세무 당국에 무려 9억 2천만 달러의 손실 신고를 했다고 보도했다.

재미있는 것은 우리가 이해할 수 없을 정도로 너그러운 미국의 세법이다. 사업을 하다가 부도를 내 손실 신고를 하면 그 금액만큼이 향후 면세가 된다는 것이다. 덕분에 트럼프는 지난 18년간 연방 소득세를 한 푼도 안 냈다. 〈뉴욕타임스〉 추계에 따르면 약 5,000만 달러는 가뿐하게 절세한 셈이다.

통 큰 양보 전략 Only-one Big Concession

이같이 트럼프가 미국에서 통 큰 '싱크-빅' 협상을 했다면 중국에선 저우언라이周恩來 수상의 통 큰 양보전략이 유명하다. 일반적으로 협상가는 초기 단계에서는 양보를 잘 안 하려 한다. 머피의 법칙[14]에서 말하듯이,

- 초기에 양보하면 괜히 상대에게 약하게 보일까 두려워하며
- 처음에는 상대가 먼저 양보하겠지 하고 서로 미루는 것이다.

그러나 저우언라이는 달랐다. 협상 테이블에 앉자마자 상대가 깜짝 놀랄 만큼 통 큰 양보를 했다. 이를테면, 100 정도 양보하리라 생각했는데 120을 양보해버리는 식이다. 당연히 이때

저우언라이의 협상 상대는 '야, 한번 믿고 협상해볼 만한 상대다'라고 생각하게 돼 협상자 간에 신뢰가 생긴다.

사실 누가 뭐라고 하든지 협상자 간의 인간적 신뢰만큼 중요한 것은 없다. 경제, 군사 등 복잡한 일들을 이야기하는 강대국 지도자들 사이의 협상에서는 특히 중요한 부분이다.

'으흠! 인간적으로 신뢰가 가는 지도자로군!'

1986년 아이슬란드 레이캬비크에서 소련의 미하일 고르바초프와 미국의 레이건 대통령이 처음 만났을 때 고르바초프가 상대에게 처음 받은 인상이란다. 이러한 두 나라 정상 간의 신뢰를 바탕으로 역사적인 핵 감축 협상을 성공적으로 타결했다.

협상에서는 너무 약삭빠르게 굴며 시간을 많이 끌면 오히려 손해를 볼 수 있다. 그래서 나는 가격 협상을 할 때 가능한 한 빨리 매듭짓는다. 건물을 살 때 처음에 통 크게 가격을 제시하고 '상대가 그 가격을 받아들이든지, 아니면 깨끗이 포기 하겠다'라는 최후통첩을 보낸다.[15]

트럼프가 강조했듯이 이러한 통 큰 양보 전략이 먹히려면 엄격한 원칙 하나를 꼭 지켜야 한다. 딱 한 번만Only-One 통 크게 양보하고 그 다음에는 절대 양보하지 말아야 한다. 그렇게 하지 않으면 상대는 처음 통 큰 양보를 잘못 이해해 협상가를 만만하게 보고 계속 양보를 요구하기 마련이다. 미국의 대통령으로서 트럼프도 자신의 협상 철학인 이러한 통 큰 협상을 일본, 유럽연합EU, 멕시코, 중국 등 상대국들을 대상으로 시도하려 할 것이다.

그런데 문제는 뒤에서 자세히 다루겠지만 맨해튼에서 부동산을 개발할 때 발휘하던 '싱크-빅'이 국제무대에서 얼마나 효과가 있을까, 하는 점이다.

'니블링Nibbling'

트럼프와 같이 '싱크-빅' 하는 통 큰 협상가들이 흔히 저지르는 잘못은 너무 통 크게 큰 것만 보다가 작은 것을 놓치는 것이다.

예를 들어, 여러분이 중국 윈난 성 통신 회사에 500억 원 어치 국산 통신 장비를 수출하기 위해 쿤밍시에 가서 협상한다고 치자. 물론 큰 프로젝트이기 때문에 CEO가 직접 가고 구매, 회계, 기술자, 물류 전문가 등 10명의 협상 팀도 같이 갔다. 밀고 당기는 협상 끝에 구매 계약이 체결되면 일제히 환성을 지른다.

"야, 드디어 큰 건 하나 했구나! 나는 서울에 계신 회장님께 보고하고 호텔에서 좀 쉴 테니 나머지 자질구레한 일들은 실무자들이 챙기세요."

협상 대표가 이렇게 나오기 쉽다. 필자가 한미 통상 장관 회담을 위해 워싱턴을 갔을 때도 종종 비슷한 일이 벌어졌다. 한미 간에 팽팽하게 밀고 당기던 C-TV 반덤핑 협상에서 두 나라장관 사이에 어렵게 합의를 이끌어 내면 우리나라 통상 장관의입에서 늘 나오는 말이 있다.

"장관으로서 큰 건을 해결했으니 실무적인 것은 국장, 과장이 알아서 미국 측과 협상하세요."

협상 대표는 절대 이렇게 행동해서는 안 된다. 대규모 구매계약이든 국가 간의 통상 협상이든 큰 성사가 이뤄지고 난 뒤에도 자질구레해 보이는 대금 지급 방법, 잔금 지급 시기, 이자율, 기술 이전 조건, 물류비용 등을 끝까지 성실하게 챙겨야 한다. 쉽게 말하면 가을에 추수하고 나서 밭에 흩어져 있는 마지막 '이삭줍기Nibbling'를 철저히 해야 한다는 뜻이다. 학자들의 연구에 따르면, 이 같은 '니블링'을 잘하면 거래 가액의 약 3~4%에해당하는 추가 이익을 낼 수 있다.

원난 성에서 500억 원짜리 프로젝트 협상을 할 때 니블링을 잘하면 15억 원 내지 20억 원까지 더 이익을 챙길 수 있는 셈이다. 그런데 놀랍게도 트럼프는 이러한 니블링 마저도 철저히 했다.

나는 아버지로부터 1달러가 아니라 페니penny 동전 한 닢까지도 챙기라고 교육받았다. 그래서 수천억짜리 공사를 할 때도 건축업자가 부당하게 액수를 부풀렸다고 생각되면 5,000달러나 1만 달러짜리라 할지라도 당장 전화통을 붙들고서 항의를 했다. 기업가로서 나의 협상 철학은 간단하다. 25센트짜리 전화를 걸어 1만 달러라도 절약하지 않는다면 나는 사업을 접게 될 것이다.

그런데 문제는 여러분이 협상에서 트럼프처럼 끈질기게 니블링을 하는 '니블러nibbler'를 만났을 때다. 대개 이런 니블러의 특징은 첫째 상습적이다. 즉, 하나 양보하면 거기 만족하지 않고 두 번, 세 번의 양보를 계속 요구하다. 둘째, 단기적 이익에 집요하게 집착한다.

이런 유형의 협상 상대를 피하는 방법은 간단하다. 상대의 요구를 들어줘라. 하지만 '내가 네 부탁을 하나 들어줬으니, 너도 하나 양보해라'라고 맞받아쳐야 한다. 협상 이익의 균형, 즉 상호주의 원칙으로 나가는 것이다. 앞의 원난 성 협상에서 가격을 5억 원만 깎아달라고 니블링을 하면 받아줘라. 대신 20년으로 돼 있는 설비 사후 관리AS 기간을 10년으로 단축하자고 제안하는 식이다. 당장 5억을 아낄 수 있다면 상대는 받아들일 것이다. 하지만 대규모 통신 장비에 대한 AS 기간을 10년 단축한다면 그 경제적 가치는 5억 원 이상이 될 수도 있다.

04

가격 협상의 달인:
'하이-볼(High-Ball)'로 후려쳐라

"에어 포스 원Air-Force One의 가격이 바보같이 비싸다."

"보잉사의 차세대 대통령 전용기인 보잉 747-8의 가격이 40억 달러인데, 이것은 말도 안 된다. 가격을 내리지 않으면 주문을 취소하겠다."

2016년 12월 초, 트럼프가 대통령 당선자로서 주요 정부 구매 계획을 보고 받은 자리에서 한 말이다. 세상에 점잖은 미국 대통령이 물건 값을 깎으려 하는 것은 처음 보았다. 국방 예산 삭감을 이야기 한 대통령들은 있었더라도, 특정 회사의 특정 물건에 대해 가격 협상을 하려고 대든 건 트럼프가 처음일 것이다. 역시 비즈니스맨 출신의 협상의 달인이다.

한술 더 떠서 연 2,000억 달러에 달하는 펜타곤의 무기 구입 내역에 대해 1페니 동전 한 닢까지 철저히 따져 가격을 후려치겠다고 으르렁거리고 있다. 보잉, 록히드 마틴, 맥도넬 더글러스 등 방산 업체들에게 비상이 걸렸다.

트럼프의 '하이-볼' 후려치기 전략에 걸려들면 그간 이들 방산 업체들이 누리던 거품(!)이 상당 부분 빠질 것이다. 물론 그 예산 절감 혜택은 미국 납세자에게 돌아가고 말이다.

단 한 번 거래하는 상황에서는 하이-볼 전략이 유리하다

트럼프 프린세스호. 세계에서 세 번째로 큰 초호화 요트다. 길이가 100미터에 가까우며 스위트 객실이 11개, 수영장에다 헬리콥터 이착륙장까지 있다. 트럼프가 1980년대 이 요트를 구매할 당시 1억 5,000만 달러를 호가했다. 그런데 트럼프는 단 3,000만 달러에 이 요트를 차지했다. 30%, 50% 깎는 수준이 아니라 5분의 1 가격에 산 것이다. 그는 통 큰 '싱크-빅'만 하는 게 아니라 가격 협상에서도 통 크게 후려치는 달인이다.

마이애미 팜비치에 방이 무려 126개나 되는 엄청난 저택이 있다. 물론 푸른 바다가 보이고 야자나무가 우거진, 개인이 가진 저택 중에선 최고일 것이라고 짐작하는 건물이다. 이 마라라고Mar-A-Lago는 한 때 2억 5,000만 달러를 호가했는데 트럼프는 단돈 700만 달러에 사들였다. 트럼프라는 가격 협상의 달인은 물건을 사는 데만 하이-볼 전략을 쓰는 게 아니다. 트럼프 타워의 콘도미니엄을 분양할 때도 당초 예상했던 것보다 무려 20배까지 높은 가격에 팔아치웠다.

우리가 가격 협상을 할 때 맨 먼저 고심하는 것은 '트럼프처럼 세게 후려칠까High-ball, 아니면 받을 만큼만 적절하게 가격 제시Low-ball를 할까' 이다.

와튼 스쿨의 리처드 쉘R. Shell 교수는 거래적 상황에서는 원칙적으로 트럼프처럼 '하이-볼' 로 후려치는 게 유리하다고 말한다. 여기서 말하는 '거래적 상황' 이란 우리말의 '단골' 과 반대되는 개념으로, 한번 보고 다시 볼일이 없는 또는 관계가 별로 중요하지 않은 협상 상황을 말한다. 이렇게 생각하면 가격 협상은 아주 간단하다. 무조건 하이-볼로 후려치면 되니 말이다. 살 때는 가격을 낮게 제시하고, 팔 때는 터무니없이 높은 가격을 부르면 된다.

하지만 이 같은 하이-볼 전략이 통하지 않을 때가 있다.

첫째, 협상가에게 약점이 있고 상대가 이를 알고 있을 때다. 서강대학교 뒷문 쪽에 가면 길거리에서 생선을 파는 아저씨가 있다. 냉장고가 없기 때문에 그날 팔지 못한 생선은 모두 버려야 한다. 아침 10시쯤 동네 아주머니가 와서 "얼마냐?"고 묻는다면 하이-볼로 가격을 높게 불러도 된다. 장사를 마치기 10분 전에 동네 아주머니가 와서 가격을 물을 때도 똑같이 하이-볼로 때리면 어떻게 반응할까? 피식 웃으며 "아저씨, 오늘 이 생선 못 팔면 쓰레기통에 들어갈 텐데 반값에 주세요"라고 그럴 것이다.

트럼프가 요트나 마이애미 저택을 구입할 때 파격적으로 싼 금액에 거래를 성사시킬 수 있었던 까닭은 상대에게 약점이 있었기 때문이다. 요트 소유자는 돈이 급했고 마이애미 저택은 몇 년간 방치돼 있어서 엉망이었다.

다음으로 하이-볼 전략을 써서는 안 될 때를 알아보자. 바로 상대가 심한 가격 흥정을 싫어하는 경우다. 이런 상황에서 너무 높은 가격을 제시하면 상대가 협상 자체를 하려 들지 않는다.

쉘 교수에 따르면, 미국인의 약 15%가 기본적으로 심한 가격 흥정을 싫어한다고 한다. 대개 이들은 '시간이 금'인 바쁜 변호사, 의사, CEO 같은 사람이다. 또한 일본 기업가들과 부품, 기계 등 판매 협상을 할 때도 주의를 기울여야 한다. '모노 츠쿠리

('장인 정신으로 최고의 물건을 만들다' 라는 뜻)를 중요시하는 일본인들은 무엇보다도 제품의 품질을 최우선으로 여긴다. 그런 사람들에게 가격을 지나치게 후려쳐 부른다면 아예 거래를 하지 않으려 할 것이다.

이세돌과 알파고의 대국료 협상

가격 협상에서 다음으로 고심하는 것은 '누가 먼저 가격을 제시해야 하느냐' 이다. 이 질문에 대해 알아보기 전에 먼저 재미있는 퀴즈부터 하나 풀어보자.

　여러분이 근무하는 회사에서 세계 최초로 생산성을 획기적으로 높일 수 있는 '알파 블루' 라는 소프트웨어를 개발했다고 하자. 물론 세계 각국에 지식재산권 등록도 했다. 그런데 어느 날 중국의 하이에르라는 회사의 부사장이 찾아와 이 '알파 블루'에 관해 알아보고 싶다고 한다. 한나절 친절히 설명하고 나니 깊은 관심을 보이며 말문을 연다.

　"아주 마음에 듭니다. 사겠습니다. 우리 회사 사장님께서 이런 소프트웨어를 구하라고 해서 미국 캘리포니아의 애플, 독일의 지멘스, 일본 소니 등을 모두 돌아다녀봤는데, 모두 마음에 들지 않고 가격만 터무니없이 비싸게 부릅니다."

그러고 나서 잠시 뜸을 들이더니 묻는다.

"얼마에 파시겠습니까?"

이 소프트웨어를 개발하는 데 50억 원이 들었다. 물론 상대는 이 사실을 모른다. 하이에르사는 대기업이고 통이 크니 트럼프처럼 하이−볼로 후려쳐 100억 원을 물러본다.

이 가격 제안은 잘한 것일까?

100억 원을 제시한 게 잘한 일일 수도 있다. 하지만 경우에 따라서는 잘못 판단한 것일 수 있다. 하이에르사가 애플, 지멘스 등을 찾아갔는데 그 외국 회사들은 500억 원, 1,000억 원을 불렀기 때문에 우리나라의 '알파 블루' 소프트웨어가 200억 원이어도 구매할 의사가 있었을 경우다.

이세돌 9단과 알파고가 세기의 대국을 할 때 우리 쪽에서 대국료로 1~2억 원 정도를 제시 한 것으로 알려져 있다. 국내 대국료 수준으로 보면 나름대로 하이−볼로 때렸다. 그런데 나중에 알고 보니 애플사는 100억 원 이상을 지불하더라도 이 대국을 성사시키려 했단다. 사실 이 대국 이후 애플이 누린 인공지능AI의 세계적 홍보 효과는 수 조원에 달했다. 애플 주가가 10조 원이나 상승하였으니 말이다. 이미 지난 일이지만 이세돌 측에서 트럼프처럼 통 크게 싱크−빅 하여 200억 원을 제시했어도 밀고 당기다가 적어도 수십억 원에서 합의했을 것이다.

지금까지 살펴봤듯이 통 큰 '싱크-빅'을 하고 대담한 '하이-볼'을 하는 트럼프 같은 협상의 달인이 돈을 벌게 돼 있는 것 같다.

05

사자와 같은 보디랭귀지

오바마 대통령, 당신한테 뭔가 배울 건 있어도 존경하진 않아요

학자들의 연구에 따르면, 협상이나 커뮤니케이션에서 말language 이 차지하는 비중이 의외로 낮다고 한다. 연구에 따라 차이가 있지만 대개 30% 정도밖에 안 된다. 나머지 70% 정도가 보디랭 귀지, 즉 비언어적 행위non-verbal behavior를 통해 이뤄진다는 것이다.

71쪽의 왼쪽 사진은 양손을 모아 허벅지 아래로 내리는 모습 이다. 트럼프답지 않은 겸손함이 엿보인다. 이는 그가 미처 몰 랐던 뭔가를 배웠다는 제스처다. 대선 승리 후 백악관을 찾아가

오바마 대통령을 만났을 때 이런 모습을 보였다. 지난 8년간 미국을 통치했으니 후임자로서 한 수 배우겠다는 모습이다.

그런데 문제는 헤어질 때 악수하는 오른쪽 사진이다. 보면 둘이 악수는 그럴듯하게 했는데 트럼프의 눈이 바닥을 보고 있다. 오바마 대통령을 쳐다보고 있지 않은 것이다. 이런 행동은 미국 같이 자연스런 눈 맞춤natural eye contact을 중요시하는 사회에서는 대단한 결례다.

오바마 대통령에게 '당신한테 배울 건 있을지 몰라도 나는 결코 당신을 존경하지 않는다'라는 암묵의 메시지를 보낸 것이다.

《트럼프의 진실The Truth about Trump》을 쓴 마이클 단토니오Michael D' Antonio에 따르면, 트럼프는 악수 기피증이 있다고 한다. 그래서 그가 협상하다가 상대의 얼굴을 똑바로 쳐다보며 악수를 하면 이는 곧 협상의 성공을 뜻한다는 것이다.

자연스런 눈 맞춤의 중요성

미국 사회에서 눈 맞춤이 얼마나 중요한지를 보여주는 재미있는 스토리가 있다. 서부 개척 시대, 텍사스에서 카우보이 두 명이 권총을 차고 카페에서 카드놀이를 하고 있다. 그때 갑자기 한 카우보이가 눈길을 피하면 상대 카우보이의 손이 어디로 향할까? 자연히 차고 있던 권총으로 간다. 눈길을 피하는 것이 다른 꿍꿍이속이 있어 엉뚱한 행동을 한다는 의미이기 때문이다.

여러분이 실리콘 밸리에 가서 구글사와 중요한 전략적 제휴 협상을 하고 있다. '왜 두 회사가 손잡아야 하는지'에 대해 그럴듯한 자료를 만들어 가서 설명한다고 하자. 그런데 상대의 얼굴은 쳐다보지 않고 자료만 보며 설명한다면 어떤 결과가 나올까? 이 협상의 결과는 뻔하다. 자연스런 눈 맞춤을 하지 않았다는 것은 신뢰와 예의를 구글 협상 팀에 전달하지 못했다는 뜻이다.

2016년 10월 9일에 있은 CNN 2차 토론에서는 트럼프와 클린턴 후보가 악수조차 하지 않았다. 물론 보름 전 오하이오주 데이턴에서 있었던 1차 토론에서는 악수를 했다.

악수하는 순간 협상은 시작된다

서양인에게 악수가 지닌 의미는 아주 크다. 어떻게 보면 협상은 악수를 하는 순간 시작된다. 그들과 악수할 때는 힘 있게 상대의 손을 꽉 잡았다가 얼른 놓아야 한다firm and short handshake. 이를 통해 '당신과 협상하겠다는 강한 의지'를 전달하는 것이다.

그런데 우리나라 사람들, 특히 여성들이 슬쩍 손만 가져다 대고 꽉 잡지 않는 '약한 악수weak handshake'를 하는 경향이 있다. 우리끼리는 아무런 문제가 없다. 여성이기에 수줍어서 그런다고 이해한다. 그러나 서양인과 협상할 때는 절대 그래서는 안 된다. 상대가 약한 악수를 하면 자신과 진지하게 협상할 의사가 없다는 시그널로 받아들인다.

우리가 존경하는 빌 게이츠가 왜 저렇게 악수할까?

74쪽 사진을 보면 빌 게이츠가 이명박 대통령과 악수할 때는 한 손을 주머니에 넣고 친구 대하는 듯한 모습이다. 대한민국 국민이면 마음이 좀 씁쓸하다. 아무리 천하의 빌 게이츠지만 그래도 한 나라의 대통령과 악수하는 태도가 영 말이 아니다. 그러면

그는 항상 남들과 악수할 때 왼손을 주머니에 넣고 할까?

아니다!

현대자동차 그룹의 정몽구 회장과 악수하는 모습을 보라. '아이쿠, 형님!' 한다. 두 손을 꼭 잡고 입을 헤벌리면서 말이다. 왜 그가 한국에 와서 이명박 대통령, 정몽구 회장과 악수하는 모습이 저렇게 대조적일까?

사람들은 마음속에 있는 것을 자신도 모르게 악수할 때 나타낸다 한다. 빌 게이츠는 사업가이다. 비즈니스맨은 돈 냄새를 민감하게 잘 맡아야 한다. 임기 말이 가까워진 한국의 대통령에게서 돈 냄새가 날 리가 없다. 하지만 자동차 산업에 IT 기술이 접목하는 시대에 세계적인 현대자동차 그룹의 회장에게선 물씬 돈 냄새가 나는 것이다.

미국의 국무부 장관을 하던 매들린 올브라이트Madeleine Albright가 외국에 나가 협상할 때 브로치를 다는 것을 보면 재미있는 현상을 발견할 수 있다. 자세히 보면 중동의 야세르 아라파트와 같이 있을 때 뱀 모양의 브로치를 달고 있다. 전문가가 유심히 관찰해본 결과, 올브라이트는 거칠고 험한 협상을 할 때는 여성의 본능으로 이미지가 강한 벌이나 뱀 모양의 브로치를 했다고 한다. 반대로, 한국이나 일본 같은 우방국과 화기애애한 협상을 할 때는 나비나 장미 모양의 브로치를 했다. 여성과 협상을 할 때 어떤 브로치를 하고 나오느냐를 보면 상대의 마음속을 읽을 수 있다.

캘리포니아대학교의 폴 에크만Paul Ekman 교수는 평생을 인간의 내면적 심리 상태가 어떻게 보디랭귀지로 나타나는가를 연구한 학자다. 협상가는 상대를 속일 때 거짓 웃음, 다리 떨기, 얼굴 빨개짐 등의 다양한 비언어적인 행위를 한다.

그런데 에크만의 몸짓이론에 의하면 이 같은 비언어적 행위가 인간의 신체부위별로 다르게 나타난다. 여러분이 협상에서 거짓말을 했는데 상대가 알아차리고 여러분을 추궁한다고 하자. 이때 얼굴이 빨개지면 거짓말 한 것이 드러난다. 인간이 뭔가 감정을 숨기며 태연한 척 하러 할 것이다.

인간이 몸의 윗부분과 아랫부분 중 어디를 잘 통제할까?

인간은 거짓말을 할 때 몸의 아랫부분보다 몸의 윗부분을 잘 통제한다고 한다.

거꾸로 상대가 거짓말을 한 것 같아 여러분이 매섭게 추궁한다고 하자. 태연하던 상대가 갑자기 다리를 떨기 시작하면 뭔가 불안하다는 시그널이다. 에크만 교수는 인간이 초조할 때 자기도 모르게 가장 많이 하는 행동이 다리 떨기라고 말한다.

이렇게 보면 협상은 종합 예술이다. 우리는 보통 말하는 데 정신이 팔려서 상대를 잘 관찰하지 않는데 이건 잘못된 행동이다. 머리끝부터 발끝까지 끊임없이 관찰하며 상대의 반응을 살펴야 한다. 특히 도널드 트럼프처럼 보디랭귀지가 활발한 사람일수록 더욱 그렇다.

06

"그들의 말(Their Language)을 해라"

놀라운 트럼프의 커뮤니케이션 스킬

"루비오는 돼지같이 땀을 흘린다."

2015년 9월 CNN을 틀어놓고 무심히 공화당 예비 후보 토론을 보다가 깜짝 놀랐다. 솔직히 말해 그때까지 도널드 트럼프가 누군지도 잘 몰랐다.

'아니, 미국의 대통령 후보가 상스러운 말을 해도 유분수지, TV에 나와서 어떻게 저런 말을 할 수 있을까?'

그런데 그다음 선거 캠페인 기간 중 그의 입에서 튀어나오는 말들의 향연은 점점 더 직설적이고 거칠었다.

"루비오, 당신은 손이 작으니 남성의 그것도 틀림없이 작을 거다."

"클린턴, 당신은 거짓말을 하고 있다."

'나쁘다bad'라든가, '재앙disaster'이라든가, 점잖은 워싱턴 사람들이 평소 쓰지 않는 난폭한 단어들이 트럼프의 입에서 거침없이 튀어나왔다. 처음에는 남들이 '허풍쟁이 트럼프'라고 비난하듯이 인간이 좀 모자라서 그런 줄 알았다. 그러나 차분히 그의 말투와 대화 기법을 전문적으로 분석해보니 그게 아니었다. 고도로 전략적이고 의도적인 커뮤니케이션 스킬이다.

트럼프가 추천하는 《트럼프처럼 협상하라》라는 책을 보면 이런 내용이 나온다.

"만일 상대가 거친 언어를 쓰거나 유치한 농담을 즐기면 거기에 맞추어 '그들의 말'을 씀으로써 더 가까워질 수 있다!"[16]

정확한 지적이다. 하버드 비즈니스 스쿨이 강조하는 중요한 협상 전략 중 하나가 '나의 언어'가 아닌 '그들의 말'을 쓰라는 것이다.

필자는 '그들의 말'을 하는 게 얼마나 중요한지를 해병대 소대장 생활을 하며 절실히 느꼈다. 1970년대 후반 대학을 졸업한 뒤 어깨에 소위 계급장을 달고서 처음 배치를 받은 곳이 서해안 섬의 전방이었다. 지금은 해병대 사병들이 고학력이지만 당시만 해도 소대원 중 대학 문턱을 넘은 사람은 딱 둘이었다. 나머지는 고등학교 졸업, 중학교 졸업에 농사를 짓거나 어선을 타거나, 아니면 동네에서 힘 좀 쓰다가 온 병사가 대부분이다. 그런데 소대장으로서 처음 당황한 것은 부하들과 도무지 소통이 안 된다는 점이었다. 실탄이 지급되는 전방인데 총기 관리를 하도 허술하게 해서 집합을 시켜놓고서 한마디 했다.

"여러분이 총기 관리를 이렇게 허술히 하면 제대에 문제가 생길 수도 있다."

그때 병사들이 가장 두려워한 것이 제대를 못 하는 것이라 부하들 군기를 잡으려고 위협적으로 말했던 것이다. 그런데 이 메시지가 전혀 전달이 안 돼 부하들은 그냥 무표정이었다. 부하들과 몇 달을 지내고 나서야 왜 그런지 이유를 알았다. 일류 대학을 나온 소대장이 마음에 와 닿는 '그들의 말'을 하지 않았던 것이다. 해병대 병사들이 전방에서 쓰는 '그들의 말'이 있었다.

"야! 이런 식으로 개판 치면, 너희들 군대에 말뚝 박을 줄 알아!"

이렇게 '그들의 말'로 이야기하자 소대장의 메시지가 120% 전달돼 부하들이 바싹 긴장하며 총을 닦고 기름 치고 야단법석이었다.

필자가 24년간의 공직 생활을 마치고 대학으로 가 젊은 학생들과 지내며 가장 어려웠던 것 중 하나가 딱딱한 공무원식 말투였다. 안 되겠다 싶어서 대학생들이 쓰는 '젊은이들의 말'을 배워서 사용하니 그간의 거리를 좁힐 수 있었다. '당근이에요', '강추해요' 처음엔 이런 말이 무슨 뜻인지 아예 몰랐다.

_____

앵그리 화이트 아메리칸의 속을 시원하게 해준 트럼프 화술

워싱턴에는 미국 각계각층의 지도자들이 다 모여 있다. 그런데 그들이 하는 언어를 보면 교육 수준과 사회적 지위를 짐작할 수 있다. 말하자면, 워싱턴 스타일의 고급 영어를 쓴다. 그런데 이러한 고급 영어가 잘난 체하는 워싱턴 사람들끼리는 잘 먹히지만 일반 서민, 블루칼라 미국인에게는 거리감을 준다.

한번은 미국인 동료와 함께 한국에서 온 저명인사가 헤리티지 재단에서 하는 강연을 들으러 간 적이 있다. 그 강연을 듣고 당황하지 않을 수 없었다. 그가 하는 영어의 대부분을 이해하지 못하겠던 것이다. 그래서 강연장을 나오며 미국인 동료에게 물었다. 자기도 잘 알아듣지 못했다며, "왜 영어를 저런 식으로 하는지 모르겠다"고 했다. 한 가지 예를 들자면, 보통 미국인에게도 어려운 'intermittent rain(간헐우)' 라는 단어를 썼는데, 이건 그냥 말하는 그대로 'rain comes and goes(비가 왔다 갔다 한다)' 라고 하면 된다는 것이다.

아무튼 트럼프가 타깃으로 삼았던 '앵그리 화이트 아메리칸' 이 미시건, 시카고 근처의 블루칼라 노동자임을 감안할 때 탁월한 선거 전략이다.

첫째, 이처럼 좀 촌스럽고 거칠지만 말을 직설적으로 하며 상대에게 의사를 정확하게 전달하는 장점이 있다. 그는 자신의 저서 《CEO 트럼프, 성공을 품다》에서 이렇게 말한다.

무슨 일을 하든, 간결하고 신속하고 곧장 요점을 찔러주도록 하라. 간결하게 한다는 것은 예절 바른 일이다.[17]

나의 협상 기술을 분석한 사람이 있는데, 그는 내가 다른 어떤 사람들보다 빨리 정곡을 찌르기 때문에 우위를 점한다고 말한다. 나는 곧바로 요점에 들어간다.[18]

트럼프는 자기 머릿속의 생각을 그대로 말로 뱉어버리는, 대중에게 카타르시스를 주는 매력이 있다. 기존 정치인들은 유식한 척 때로는 고급 단어를 사용하며 일반인들이 알아듣지 못하는 말투를 사용한다. 이런 대중과 유리된 언사나 행동은 그들의 행동거지를 100% 믿지 못하게 한다. '무슨 꿍꿍이를 숨기기 위해 대중이 쉽게 알아듣지 못하는 말을 하는가?' 라는 생각을 하게 만든다.

트럼프는 시원하면서도 단순하게 말한다. 트럼프는 분명하다 clear. 대통령 후보가 이렇게 단순하게 말하는 것을 유권자들은 들어본 적이 없다. 더 핵심은 트럼프는 자기가 생각한 그대로 뱉어버린다는 것이다.[19]

한국인으로서 유일하게 미국 하원 의원을 지낸 김창준 박사의 트럼프 화술에 대한 예리한 논평이다.

둘째, 이러한 트럼프의 화술은 앵그리 화이트 아메리칸에게 엄청난 대리 만족을 안겨줬다.

본래 미국이나 일본 같은 선진국은 지켜야 할 법이나 관습이 엄격하기에 개인이 받는 스트레스가 많다. 특히 미국에서 흑인이나 히스패닉을 차별하는 이야기를 하면 그 즉시 인종 차별로 큰 문제가 된다. 그러니 평소 그런 생각을 가지고 있어도 속으로만 끙끙거릴 뿐 말을 꺼내지 못하던 백인들의 입장에서는 트럼프가 내뱉은 "멍청한 멕시코 인", "우둔한 흑인", "테러리스트 무슬림"이라는 말이 속을 시원하게 뻥 뚫어준 셈이다.

07

—

트럼프식 인간관계 만들기

학자들이 협상에 관해 연구한 결과, '협상의 성공—활발한 정보 교환—좋은 인간관계' 사이에는 밀접한 관계가 있는 것으로 밝혀졌다. 협상가 사이의 좋은 관계, 즉 여기서 말하는 '관계'란 신뢰나 친밀감을 바탕으로 생기는 개인적 관계interpersonal relationship를 말한다. 협상가가 오랜 기간 동안 같이 일하면서 비즈니스 관계가 형성되더라도 전혀 개인적 친밀감이나 신뢰를 쌓지 못하는 경우가 많은데, 이런 관계는 별 의미가 없다.

만났을 때 인간적 호감을 느끼면 서로 정보 교환을 활발히 한다. 이처럼 협상 테이블에서 정보 교환을 활발히 하면 그만큼 협상의 성공 가능성이 커진다는 것이다.

여러분이 인도네시아 자카르타에 가서 중요한 M&A 협상을 하려고 힐튼 호텔에서 현지 국영 통신사의 스하르토 부사장을 만났다고 하자. 그가 계속 다리를 떨고 얼굴에 뭔가 초조한 기색을 보이면 인간적 호감을 느끼지 못하고, 그 협상에 대해 회의적이 된다. '왠지 믿음이 가지 않는데, 저런 상대하고 협상했다가 잘못 말려들어서 괜히 회사에 부담만 주는 게 아닌가?' 그렇게 생각하면서, 말을 잘 안 하려 하면 협상은 사실상 끝난 셈이다.

이 점에선 트럼프도 비슷하다.

리얼리티 TV쇼 〈어프렌티스The Apprentice〉를 창안했던 마크 버넷Mark Burnett을 처음 만나는 순간, 나는 그가 한 인간으로서나 전문가로서나 완벽하게 믿을 만하다는 것을 알아차렸다. 그때부터 곧바로 나는 그를 좋아했고 신뢰했으며, 그와 함께 비즈니스를 하고 싶었다.

그러나 반대로 만나자마자 혐오감을 느낀 사람들도 있었다. 도무지 왜 그런지조차 알 수 없었다. 가능하면 사람을 판단하지 않

으려고 노력은 하지만, 그래도 나의 육감에 귀를 기울이고 육감을 신뢰하는 걸 배웠다.[20]

레위키 교수에 따르면, 관계는 다음과 같은 5대 요소에 영향을 받는다.[21]

가장 중요한 것이 신뢰trust다. 협상자 간의 신뢰 수준이 높으면 좋은 관계가 형성되고 협상 테이블에서 서로 협조하려 한다.

둘째, 공통분모가 있어야 한다. 협상자 간에 취미나 가치 체계 등에서 공통점이 많으면 관계 형성이 쉽다. 트럼프는 이 공통분모를 특히 강조한다.

협상의 출발점은 언제나 상대방과의 공통분모를 찾는 것이다. 그것을 찾아내어 협상의 기초로 삼기만 하면 된다. 공통분모는 두 사람이 모두 골프나 낚시를 좋아한다거나 동갑내기 자녀들이 있다거나, 또는 정치 성향이 비슷하거나 하는 것이다. 사람들과 대화하면서 가능한 한 공통분모를 많이 찾아야 한다. 애초에 이러한 기초 작업을 하지 않고 곧장 협상에 돌입해서 돈 문제를 논의한다면 아주 불쾌한 경험을 하게 될 것이며, 더욱이 불만족스러운 결과를 얻을 확률이 크다.[22]

셋째는 존경respect이다. 상대를 존경하면 관계 형성이 쉬워지고, 상대의 입장을 잘 이해하고 잘 대해주려는 경향이 강해진다.

넷째는 상호 관심mutual concern으로, 협상자가 상대에게서 정보를 얻기를 원한다거나 상품 구입을 절실히 원한다거나 해서 서로 간에 관심이 많을 경우 관계가 쉽게 형성된다.

마지막은 트럼프가 강조했던 호의적 감정being emotional이다. 협상자가 상대에게 호의적 감정을 가지면 관계 형성이 쉽게 이뤄질 수 있다.

엔터테인먼트와 의도적 관계 형성

협상가 사이에 좋은 관계가 형성되면 그만큼 협상이 성공할 가능성이 크다는 것인데, 좀 더 구체적으로 어떻게 하면 될까?

그에 대한 해답은 '엔터테인먼트entertainment'다. 우리말로 하면 '접대'인데, '김영란법'이 시행되고부터는 우리 사회에서 접대에 대해 부정적 인식이 강해졌다. 하지만 엔터테인먼트라고 해서 꼭 술집에서 폭탄주를 마셔야만 하는 것은 아니다. 골프를 같이 칠 수도 있고 상대가 한국의 전통문화에 관심이 많다면 인사동 거리를 관광할 수도 있다.

다음으로 생각할 수 있는 것이 '의도적 관계 형성 행위'다. 1990년대 후반 한미 간 통상 갈등이 고조됐을 때 새로 임명된 통상 장관이 협상을 하러 워싱턴 DC로 가는 비행기에 올랐다. 비행하는 동안 그는 실무자가 준비해준 협상 관련 자료는 건성으로 들춰 보고 엉뚱하게도 미국 미술사에 관한 책만 읽었다. 실무자들은 장관의 엉뚱한 행동에 속을 태웠다.

'저렇게 자료도 검토하지 않고 준비 없이 갔다간 매서운 칼라 힐스Carla Hills 장관한테 호되게 당할 텐데.'

그런데 막상 미국 무역 대표부USTR 칼라 힐스 장관과 첫 대면을 하는 자리에서 장관은 예상치도 못한 말을 꺼냈다.

"힐스 장관님의 할아버지는 위대한 미술가시지요? 제가 그분의 그림을 아주 좋아합니다."

순간 힐스 장관이 화색을 띠며 대답했다.

"진짜요Really!"

자기 할아버지의 작품 세계를 이해해주는 한국의 장관을 만난 힐스 장관은 기뻐했고, 두 사람은 그림에 대해 흥미 있는 대화를 나눴다.

미국 고위 공무원들도 장관의 눈치를 본다. 배석했던 USTR 관료들이 C-TV 반덤핑, 자동차세제自動車稅制, 지적재산권 등으로 한국을 몰아칠 의제가 많았는데, 두 회담 대표 간의 인간적 관계가 좋으니 슬그머니 꽁무니를 내렸다. 그 이후 당연히 협상은 순조롭게 진행됐다.

이와 같이 협상 상대의 기호, 취미, 성품, 철학 등을 사전에 파악해 의도적 행위를 통해 좋은 관계 형성의 발판으로 삼을 수 있다.

트럼프식 인간관계 형성 전략

트럼프가 주로 한 사업을 가만히 들여다보면 크게 3가지다. 뉴욕 시나 애틀랜틱시티 같은 시 당국으로부터 세금 감면 혜택을 받은 것, 부지를 매입해 호텔을 완공한 뒤 관계 당국으로부터 허가를 받은 것, 애틀랜틱시티에서 거대한 카지노 사업을 벌일 때 은행 등을 설득해 투자하도록 만든 것. 이와 같은 비즈니스 협상을 할 때 시 공무원, 뱅커, 투자자들과 좋은 관계를 맺는 것만큼 중요한 일도 없다. 트럼프는 독특한 트럼프 방식으로 이들의 호감을 샀다.

억만장자인 도널드 트럼프는 자신이 훌륭한 파트너라는 확신을 주기 위해 끊임없이 상대에게 베풀 특별한 것들을 고안해낸다. 트럼프는 좋은 인상을 주고 싶은 사람이 있다면 특별히 제작한 고급 자가용 비행기에 태워서 팜비치Palm Beach에 있는 그의 5성급 개인 클럽에 데려간다. 그리고 그곳에서 엘튼 존의 공연을 보면서 함께 주말을 보낸다. 아니면 그 사람과 함께 자가용 헬리콥터를 타고 애틀랜틱시티로 날아가서 그의 타지마할 호텔 꼭대기에 있는 규모의 펜트하우스인 알렉산더 스위트룸에서 함께 쉬기도 한다. 어쩌면 세계적 수준을 자랑하는 네 군데 트럼프 골프 클럽 중 한 곳에서 골프 한 게임을 즐기는 것도 상대방과의 서먹한 관계를 누그러뜨리는 좋은 방법일 것이다.[23]

이렇게 남들이 한번 가보고 싶어 하는, 소수의 선택된 사람만이 갈 수 있는 '트럼프 소사이어티Trumph Society'를 만들어 초청하는 것이다. 그가 좋아하는 호화로운 파티, 으리으리한 전용기로의 초대 등이다. 아마도 어지간한 사람은 정신이 아득해질 정도로 황홀한 접대일 것이다. 이런 방식의 좋은 관계 형성에 트럼프는 가히 천재적인 재능을 가지고 있다. 그런데 좋은 관계를 맺기 위한 이 엔터테인먼트도 나라별로 문화가 다른 것 같다.

필자는 오래전 뮌헨 근처에 자리한 잉골슈타트 대학교 서머 스쿨에서 협상을 가르쳤던 적이 있다. 독일의 대학 앞에는 '비

어 가르텐' 이라고 맥줏집이 많다.

사진은 강의를 마치고서 독일 제자들과 함께 비어 가르텐에 한잔하러 가서 찍은 것이다. 사진을 한번 유심히 보자. 슈나이더라는 독일 남학생은 1,000cc 큰 맥주잔을, 옆의 엘레나와 클라인펠트라는 여학생은 작은 맥주잔을 들고 있다. 한국에서 교수가 학생들을 데리고 호프집에 가면 '맥주 1,000cc 10잔' 하는 식으로 똑같은 크기로 시킨다. 그리고 물론 돈은 교수가 낸다.

안식년에 일본 와세다대학에서 협상 특강을 할 때 학생들과 저녁 식사를 하러 갔다. 20만 원 정도 나와 돈을 내려 했더니 한 일본 학생이 이렇게 말한다. "센세이상(선생님), 사주시는 것은 고마운데 금액의 반은 저희가 내겠습니다." 아마 자기들끼리 돈을 모은 모양이다. 그러고는 고맙다고 인사를 하고 사라졌다. 그런데 독일에서는 학생들과 맥주를 마실 때 첫 잔은 교수가 내고 두 번째 잔부터는 학생들 각자가 낸다. 교수가 내는 첫 잔은 제일 큰 맥주잔으로 시키고 자신들이 내는 두 번째 잔부터는 작은 것을 시킨 것이다.

"친밀한 관계와 개별 협상은 별개의 문제다
Separate the Deal from the Relationship!"

미국에서 교수가 협상을 강의할 때 가장 많이 강조하는 말이다.

한미 두 나라 사이 자동차시장 개방 문제로 긴장이 고조되고 있을 때 USTR의 아·태 담당 필립스D.Phillips 차관보가 한국에 왔다. 한국 정부 관리들이 그를 융숭히 대접하며 만찬을 한 뒤 '가라오케'에 가겠냐고 물었더니 순순히 따라나섰다. 노래도 같이 부르고 "We are friends(우리는 친구)" 하면서 폭탄주도 몇 잔 나눠 마셨다. 한국 협상 문화로 볼 때 아주 성공적인 관계 형성이었다.

다음 날 한국 정부 관리는 협상 분위기가 훨씬 부드러울 것이라고 내심 기대하며 회의실에 들어섰다. 그런데 웬걸! 필립스 차관보의 태도는 전혀 변화가 없었다. 언제 술 같이 마시고 함께 노래 불렀냐는 듯이.

　미국에서는 한국에 협상하러 가는 사람들에게 이렇게 말한다.

　"서울에 가서 상대가 융숭히 대접하면 서로 즐기고 친구가 되어도 좋다. 그렇지만 어제 술자리에서 맺은 인간관계가 다음 날 협상에 영향을 끼쳐선 절대 안 된다."

　저녁 먹으며 맺은 인간관계를 바탕으로 다음 날 협상을 하는 일본, 중국 등 동양 협상 문화와는 달라도 많이 다른 부분이다.

08
—

여러 가지 대안(Options)을 가지고
협상하라

—

대안이 많을수록 협상력이 강해진다

나는 협상을 할 때 절대로 한 가지 선택Option만을 가지고 매달리지 않는다. 항상 여러 가지 대안을 만들어 사업가로서의 나 자신을 보호한다. 트럼프 타워를 건설할 때 사업 승인을 받지 못하면 오피스 빌딩을 짓겠다고 생각했다. 애틀랜틱시티로부터 카지노 개설 허가를 받지 못하면 미련 없이 다른 카지노 업자에게 건물을 파는 대안도 고려하고 있었다.[24]

트럼프가 홀리데이인Holiday Inn사 주식의 4%를 적대적으로 매입했을 때도 그는 미리부터 여러 가지 대안을 생각해두고 협상 준비를 했다. 대안 1은 홀리데이인을 완전히 자기 손아귀에 넣는 것이었다. 당시 주식 시세라면 20억 달러 정도만 가지고 그 회사를 잡을 수 있었다. 홀리데이인의 카지노 호텔 3개만 해도 거의 20억 달러 가치였다. 틀림없이 남는 거래다.

대안 2는 사들인 주식을 되파는 것이었다. 주식 시세가 충분히 올랐을 때 팔면 상당한 이익을 볼 수 있다. 당장 팔아도 700만 달러쯤은 벌 수 있었다.

마지막 대안은 홀리데이인사가 프리미엄을 얹어서 자신의 주식을 되사게 하는 방법이었다.

하버드대학교 로저 피셔와 윌리엄 유리 교수는 "BATNABest Alternative to a Negotiated Agreement를 많이 가지면 가질수록 강한 협상력으로 만족할 만한 협상 성과를 얻을 수 있다"[25]고 말한다. BATNA란 '협상자가 합의에 도달하지 못할 경우 택할 수 있는 다른 좋은 대안'이다.

이런 대안이 있으면 협상력을 강화시킬 뿐만 아니라 바저만Baserman 교수가 말하는 "협상 탈출의 실패"도 피할 수 있다. 협상가가 가장 피해야 할 오류는 '이번에 반드시 협상을 성사시켜야 한다'는 강박관념이다. 이렇게 되면 협상가는 합의에 도달하기 위에 많은 양보를 하게 된다. 이런 경우라면 차라리 협상을 결렬시키는, 즉 협상에서 탈출해버리는 편이 더 낫다.

바저만 교수와 마가레트 닐M. Neal 교수가 미국의 중견 기업인들을 상대로 연구한 결과, 오랜 경험이 있는 비즈니스 협상가들이 가장 많이 범하는 오류 중 하나가 이 '협상 탈출의 실패'이다.

예를 하나 들어보자. 여러분이 회사의 부사장으로서 소니와 디지털카메라 사업을 하기 위해 M&A 협상을 시작했다. 그런데 막상 6개월 정도 협상을 이어가다 보니 소니의 카메라 기술력이 처음 생각한 것만 못했다. 이런 경우 어떻게 하는 게 옳을까?

차라리 협상을 깨버리는 편이 회사를 위해 좋은 선택이다. 하지만 거래를 주도한 협상 대표로서 체면도 있고 그동안 도쿄와 서울을 오가며 들어간 막대한 비용도 있기 때문에 무리한 협상을 계속하게 된다. 협상을 주도한 자신의 체면과 사내에서의 평판 따위에 얽매여 회사에 손해가 될지도 모르는 협상을 성사시키고야 마는 것이다.

위의 협상 탈출 실패에서 봤듯이, 협상은 외부의 상대하고만 하는 것이 아니다. 많은 경우 같은 조직 내에서 상사와 부하 사이에서도 하게 된다. 이러한 협상 실패를 경험하지 않으려면 트럼프가 말하는 것처럼 여러 가지 좋은 대안이 있어야 한다.

09

—

정보의 덫에 걸리지 마라

—

전문가를 너무 믿지 마라

협상에서 필요한 정보는 발로 뛰며 직접 얻어야 필요한 시장에 관한 정보를 얻을 수 있다. 땅을 살 생각이 있을 때 보스턴의 컨설팅 회사에 자문하는 것보다, 직접 그 땅 주변 사람들에게 묻고 또 필요할 땐 택시 운전사에게서 얻는 정보가 더 유용하다. 신기하게 직접 물어서 얻는 정보로 내린 결론이 항상 내로라하는 자문 회사의 조사 결과보다 유용했었다. 자문 회사는 보스턴에서부터 전문가를 보내 뉴욕에 오피스를 빌린 뒤 몇 십만 달러

씩 대가를 받고 조사를 해주지만, 별로 신통한 보고서가 나오지 않았다.[26]

트럼프가 컨설팅 등 전문가 그룹을 너무 무시한 느낌도 없지 않지만 상당 부분 공감할 만하다. 실제로 자칭 전문가라는 사람들의 말을 너무 믿다 보면 협상가가 정보의 덫Information Trap에 걸리기 쉽다.

여러분이 소니의 디지털카메라 사업을 M&A할 것인가, 말 것인가를 고심하고 있을 때 대개 2가지 정보가 들어온다. 하나는 '포지티브 정보'이고, 다른 하나는 '네거티브 정보'다. 전자는 여러분의 생각이 맞으니 협상하라고 말하는 정보이고, 후자는 그 반대로 디지털카메라 사업을 하면 안 된다고 말하는 정보다. 그런데 문제는 전문 컨설팅 회사가 대개 포지티브 정보를 많이 제공한다는 것이다. 그래야만 일거리가 또 생기니까 당연한 이치다.

이때, 협상가가 포지티브 정보와 네거티브 정보를 객관적으로 동일하게 취급하지 않고 전문가의 말에만 쏠리면 정보의 덫에 걸려 협상을 그르칠 수가 있다. 그래서 트럼프가 강조하듯이 직접 발로 뛰어서 생생한 정보를 얻는 것이 가장 좋다.

흔히 '정보화 시대'라고 하는 요즈음에는 무슨 일을 하든지 정보가 중요하다. 그런 의미에서 협상 과정은 일종의 정보 수집과 정보 교환의 연속이라고 해도 과언이 아니다. 정확한 정보를 바탕에 둬야 협상 테이블에서 상대에게 효율적인 요구를 할 수 있다. 일반적으로 협상의 전 과정에서 수집해야 할 기본적 정보는 아래와 같다.

- **상대의 약점과 강점:** 트럼프는 상대의 약점을 파고들어 무자비하게 공격하는 데는 천재적 자질을 지녔다.
- **상대의 협상 전략과 대안:** 상대에게 대안이 있는지 없는지는 협상력을 결정하는 아주 중요한 요소가 된다.
- **상대의 내부 이해관계자 간의 갈등:** 소니의 디지털카메라 사업을 M&A하기 위해 협상을 할 때 소니 측 구성원들의 이해관계는 엇갈린다. 재무 담당자는 재무 구조 개선을 위해 어떻게든 팔아치우려고 할 테지만, 정작 디지털카메라 사업부에서 일하는 사람은 결사반대할 것이다.
- **상대의 시간 제약**time pressure**:** 상대가 이번 달 말까지 꼭 협상을 성사시켜야 된다는 데드라인에 걸려 있으면 의도적으로 협상을 질질 끌면서 협상력을 올릴 수 있다.
- **상대의 과거 협상 경력:** 믿고 협상할 수 있는 상대인지, 상습적으로 거짓말을 하는지 등과 함께 어떤 협상 전략을 주로 사용하는지도 살펴봐야 한다.

협상 상대에 대한 철저한 분석 또한 의외의 성과를 얻는 데 결정적 역할을 할 수도 있다. 잘 아는 후배가 오랫동안 외국계 금융 회사에서 근무하다가 국내 재벌 기업의 간부로 들어갔다. 외부 인물이 중간에 들어가서 견디기 힘든 배타적인 그룹이었는데도 용케 CEO까지 승진했다. 마침 저녁 식사 자리가 있어 물어봤다.

"딱 한 번 애플사와 협상을 잘해 회사에서 인정받고 승승장구했습니다."

사연인즉 이렇다. 애플사와 수년을 질질 끌며 매듭짓지 못한 특허분쟁이 있었다. 더구나 미국 측 담당자인 토머스 부사장은 아주 다루기 힘든 하드-포지션 협상가였다. 그런데 새로 온 후배에게 이 골치 아픈 협상 건을 맡으라고 하더란다. 말하자면 회사 측에서 후배의 능력을 슬쩍 시험해보려는 것이었다. 잘하면 새 회사에 뿌리를 내리고, 헤매면 앞으로의 행보가 부담스러울 터였다.

어쨌든 후배는 협상을 맡기로 했고, 여러 경로로 정보를 수집해 토머스 부사장의 협상 스타일을 분석하다가 한 가지 흥미로운 사실을 발견했다. 그가 협상 테이블에서 '베팅'을 좋아한다는 것이다. 살펴보니 지금까지 지적재산권 관련 6개 이슈 중 5개는 쉽게 합의를 했는데 마지막 1개가 늘 말썽이었다. 실리콘 밸리에 직접 가서 협상을 해보니 역시 그 마지막 1개가 또 발목을 잡았다.

"이 골칫거리 한 건은 베팅으로 해결합시다."

이 말을 꺼내자 상대의 얼굴이 밝아지더니 다음 말을 듣고는 입이 귀에 걸렸다.

"우리 서로 영어로 더티 조크dirty jokes를 해서 더 잘하는 쪽이 이기는 걸로 합시다."

베팅이라면 자기 전공인데 한국인이 미국 더티 조크로 승부를 걸자고 하니 이건 백전백승이나 다름없었다. 그런데 결과는 토머스 부사장의 완패였다. 후배는 협상 준비를 하며 반년 전부터 미국에 있는 더티 조크를 모조리 뒤져 외워버렸다고 한다. 그러니 아무리 미국인이라도 당할 수 없었던 것이다. 실제로 우리가 더티 조크를 해보면 10개도 기억하기 힘들다.

꼭 기억해야 할 점은 협상 테이블에서의 정보의 흐름은 일방적이 아니며 '투 웨이two-ways'라는 점이다. 많은 협상자가 상대의 정보는 수집하면서 자신의 정보는 주지 않으려고 하는데, 정보의 흐름은 양방향이다. 즉, 자신의 정보를 어느 정도 흘려줘야 상대도 정보를 제공한다. 이러한 의미에서 협상에서의 '정보 수집'은 '정보 교환'이라고 표현하는 편이 정확할 것이다.

Negotiation

3장

—

트럼프 협상이 몰고 올
세계 무역 전쟁

Donald Trump

01

——

세계 자유 무역 체제의
판을 뒤흔들다

——

확신범적 보호 무역주의자 Convinced Protectionist

"대재앙인 북미자유무역협정NAFTA을 재협상하고 캐나다와 멕시코가 말을 듣지 않으면 탈퇴해버리겠다."

"멍청한 워싱턴 샌님(!)들이 만든 환태평양경제동반자협정TPP은 쓰레기통에 던져버리겠다."

"환율 조작으로 엄청난 흑자를 누리는 중국의 수출품에 45% 관세를 부과해 단단히 혼내주겠다."

트럼프는 2016년 대선 캠페인에서 이런 거침없는 말들을 쏟아내 '앵그리 화이트 아메리칸'의 표심을 잡았고, 전통적으로 민주당의 표밭이던 인디애나, 시카고, 미시건 등 미국 중북부의 '러스트-벨트Rust Belt'를 휩쓸어 승기를 잡았다.

지금 사람들의 최대 관심은 '드디어 백악관의 주인이 된 도널드 트럼프 대통령이 진짜 유세 때 했던 말을 지켜 국제무대에서 멕시코, 중국 등을 거칠게 다룰 것인가?'

이에 대한 필자의 답은 다음과 같다.

'어느 누구도 예측 불가능하게 기존 국제 질서의 틀을 판 자체부터 완전히 뒤흔들 인물이다.'

앞에서 살펴봤듯이 그는 강한 승부 근성을 가진 통 큰 하드-포지션 협상가이며, 고도의 전략적 마인드로 무장한 뛰어난 협상의 달인이다. 중국, 멕시코 등과 대화를 할 때, 필요하다면 협상 테이블을 아예 뒤엎어버릴 수도 있다는 얘기다.

취임해서 중국과 본격적으로 한판 붙기 전인 2016년 12월 파격적으로 타이완 총통과 통화를 하며 미·중 양국 간에 합의한 '하나의 중국'이라는 기존 외교 관계의 판 자체를 흔들어버리지 않았는가.

NAFTA도 마찬가지다.

사실 오바마 대통령도 2007년 8월 민주당 예비 토론에서

"NAFTA는 나쁜 무역 협정bad trade deal"이라고 비난하고 대통령이 되면 멕시코와 캐나다 지도자를 만나 재협상하겠다고 말했다. 유세를 할 당시 트럼프와 비슷한 말을 했던 셈이다. 하지만 협상 전략 측면에서 보면 트럼프가 한 수 위다.

"멕시코가 말을 듣지 않으면 아예 NAFTA를 탈퇴해버리겠다"라고 미리 위협을 하며 협상을 시작하기 전부터 멕시코를 굴복시키고 있다.

워싱턴에서는 트럼프 대통령에 대한 낙관론과 비관론이 교차하고 있다. 아무리 선거 유세 기간 중 세계가 깜짝 놀랄 말을 했더라도 막상 백악관의 주인이 되고 난 뒤에는 달라질 것이란 조심스런 기대다.

오바마 대통령이 그랬다. 2008년 W. 부시 대통령에게 보낸 공개서한에서 중대한 결함이 있는 한국과의 FTA에 반대한다는 입장을 분명히 했다. 그러나 실제로 백악관에 들어가고 난 뒤엔 '내가 언제 그런 말을 했나' 하듯이 입을 싹 씻었다.

사실 트럼프도 당선 이후 유세 때 한 말들을 조금씩 주워 담기는 했다. 모든 무슬림의 미국 입국 금지, 기후 변화 협약 탈퇴 등 극단적인 공약이 슬며시 꼬리를 내리거나 완화되고 있다.

우리나라 안보와 직결되는 핵무장과 관련해서도 그런 모습을 보였다. 2016년 3월 25일 자 〈뉴욕타임스〉와의 인터뷰에서 그는 "미국이 계속 세계의 경찰일 수는 없다. 한국과 일본은 어느 시점이 되면 자체 핵무장을 이슈로 논의해야 할 것이다"라고 했다. 그러나 당선된 뒤인 2016년 11월 13일 자신의 트위터에 "나는 〈뉴욕타임스〉 보도처럼 '더 많은 나라가 핵무기를 보유해야 한다'고 말한 적이 없다"라고 완전히 오리발을 내밀었다.

이렇게 보면 조심스런 낙관론이 힘을 받는 것 같다.

하지만 무역과 통상 분야는 전혀 다르다. 기존의 자유 무역 질서를 뒤흔들 싸늘한 칼바람이 분다.

전임 W. 부시나 오바마 대통령이 선거 때 표심을 잡기 위한 '기회주의적 보호 무역주의자'였다면 트럼프는 진짜 보호 무역이 나쁘다고 생각하는 '확신범적 보호 무역주의자'이다.

2016년 11월 트럼프가 발표한 '취임 후 무역 200일 계획'에 따르면, 캠페인 기간 동안 내뱉은 말을 대통령이 되면 정확히 이행하겠다는 강한 정치적 의지가 보인다.

첫째, 공언한 대로 TPP는 탈퇴하겠다.

정말 한다면 하는 트럼프다. 이에, 오바마 행정부와 의회는 TPP를 레임덕 기간에 처리하지 않기로 결정했다. 취임하기도 전에 가볍게 첫 승을 거둔 셈이다. 일본을 비롯한 12개 가입국에겐 미안한 말이지만 적어도 2년 이상 TPP는 선반에 올려놓아야 할 것 같다.

둘째, 취임 후 100일 멕시코와 북미자유무역협정NAFTA 재협상을 시작하고 200일까지 별 성과가 없으면 NAFTA도 탈퇴해버리겠다.

NAFTA도 벌써 흔들리고 있다. 저스틴 트뤼도Justin Trudeau 캐나다 총리는 1987년에 맺은 미국·캐나다 FTA를 언급하며 뒷걸음질하고, 멕시코도 재협상 의사가 있다고 알아서 기고 있다. 멕시코가 어지간히 양보하지 않으면 1994년 미국, 멕시코, 캐나다 사이에 맺은 북미자유무역협정도 분해될 위기다. 사실 NAFTA는 발효 이후 23년 동안 미국과 멕시코의 교역 규모를 7배로 키운 나름대로 성공작이다. 그런데 졸지에 트럼프에게 "미국인의 일자리를 빼앗는 최악의 무역 협정"으로 낙인찍혀버렸다.

셋째, 중국·일본 등 주요 무역 상대국의 불공정 무역 등을 조사하고 100일째에는 중국의 환율 조작 여부를 조사하겠다.

지금의 기세로 볼 때 중국이 환율 조작국의 훈장(?)을 받을 것 같다. 이는 캠페인 때 약속한 '중국 후려치기'를 본격적으로 시작하겠다는 뜻이다. 다행히 한국에 대해선 구체적인 언급이 없다.

'미국 우선America First'의 경제 내셔널리즘

트럼프 행정부 통상 정책의 최우선 과제는 '미국인에게 일자리를 되찾아 주자American Jobs Back'이다.

글로벌화고 자유 무역이고 다 좋지만 미국 땅에서 부가 창출되고 철강이고 자동차고 미국 내에서 생산되어 미국인에게 일자리를 만들어 주어야 한다. 그러므로 이렇게 본다면 NAFTA는 당연히 다시 손보아야 한다.

그리고 미국 기업에 대한 그의 가치도 전임자들과 다르다. 범세계화 물결을 타고 멕시코나 중국 땅으로 공장을 옮기는 포드나 애플은 애국적 기업이 아닌 것이다. 필요하다면 징벌적 조치를 하겠다고 계속 으르렁거린다.

미국기업이 해외에서 아웃-소싱해서 들여오는 수입품에는 15% 관세를, '포드 자동차 메이드 인 멕시코'에는 35% 관세를 메기겠다고 한다.

진짜 이렇게 높은 관세를 부과한다면 NAFTA는 거의 깨진 거나 다름없게 된다,

왜 트럼프는 NAFTA와 TPP 같은 지역주의를 불신하는가?

워싱턴의 피터슨국제경제연구소나 우리나라의 대외경제연구소 KIEP 같은데서 발표하는 걸 보면 "한미 FTA로 미국과 한국의 GDP가 각각 0.42%, 1.99%로 증가하고, 두 나라에서 많은 고용이 창출되고, 교역량이 193억 달러 증가한다"고 한다. NAFTA도 마찬가지 긍정적 경제적 효과이다.

이 말은 맞다. 한미 FTA나 NAFTA 덕분에 회원국 간 교역량이 증가하고 경제가 성장했다. 그렇기에 지난 20년간 지역주의가 승승장구 했다.

그런데 이 같은 지역주의가 국내정치적으로 결정적 단점을 가지고 있다. 개방의 혜택을 누리는 승자winner와 손해를 보는 패

아·태 지역의 주요 지역주의 현황   2011년

명칭	참가국 수	교역량		명목 GDP	
		10억 달러(USD)	세계(%)	10억 달러(USD)	세계(%)
한·중·일 FTA	3	6,399	17.5	14,283	20.5
RCEP	16	10,131	27.7	19,764	28.4
TPP	12	10,185	27.8	26,604	38.2
NAFTA	3	5,371	14.7	17,985	25.8
World	237	36,595	100	69,660	100

교역량: WTO
GDP: IMF의 〈월드 이코노믹 아웃룩(World Economic Outlook, WEO)〉
인구: UN 인구국

자loser의 정치적 반응이 아주 비대칭적인 것이다.

한·칠레 FTA, 한미 FTA를 맺을 때 우리 농민 단체, 노조 등의 강렬한 시위에서 보듯이 패자는 그들의 생존권이 위협받는다고 두려워하여 정치적으로 거세게 반발한다.

그런데 문제는 FTA로 득을 보는 승자들의 반응이다. 가장 큰 승자는 값싼 외국산 제품을 즐기게 되는 소비자들인데 이들은 정치적으로 반응을 전혀 안한다. FTA 덕분에 슈퍼에 가서 칠레산 와인이 만 원 정도 싸졌다고, 캘리포니아 오렌지가 한 묶음에 8천 원 정도 내렸다고 갑자기 살기 좋아졌다고 생각하지 않는다.

지난 대선 때 미국에서 바로 이런 일이 벌어졌다. NAFTA 때문에 일자리를 잃었다고 생각하는 앵그리 화이트 아메리칸은 똘똘 뭉쳐 트럼프를 지지하고, 승자 집단은 침묵한 것이다.

미국 통상 정책의 결정 메커니즘:
엘리트 중심에서 국내 이해집단 중심으로

미국 같은 민주주의 국가의 통상 정책이 어떻게 결정되느냐에 대해선 재미있는 이론들이 있다. 가장 대표적인 것이 데스틀러

Destler, 베일리와 골드 슈타인Bailey & Goldstein이 주장하는 엘리트 모델이다. 1930년대 대공황 이후 미국의 통상정책을 결정하는 권한이 꾸준히 의회에서 행정부로 옮겨졌기에 그간 자유 무역을 지지하는 워싱턴의 엘리트 관료들이 통상 정책 결정의 주도권을 잡아왔다는 것이다. 특히 미 의회가 신속처리권한Fast-Track, 무역촉진권한Trade Promotion Authority 등으로 대통령에게 통상 권한을 일부 위임해준 것 등이 계기가 되었다.

그렇기에 NAFTA와 WTO 출범 하고 미국이 한국 등과 수많은 FTA를 맺는데 일자리를 잃는 노동자들이 반발을 해 왔지만 이들의 정치적 힘이 워싱턴까지 미치지 못했다. 쉽게 말해, 자유 무역을 지지하는 '워싱턴 컨센서스가' 패자 산업의 불만을 대변하는 '대중적 컨센서스'를 제압해 온 것이다.

이 이론에 정 반대되는 것이 스티글러Stigler가 주장하는 '국내 이해집단 모델Domestic Politics Theory'이다. 선거를 치러야 하는 정치인들은 농민단체, 노동자 등 그들이 원하는 통상 정책을 펼친다는 것이다.

이렇게 볼 때 클린턴 대통령에서 오바마 대통령에 이르기까지 미국의 통상 정책이 USTR, 국무성, 상무성의 엘리트 관리들의 손에 의해 좌지우지 했다면 앞으로 트럼프 정부의 통상 정책은 그를 뽑아준 앵그리 화이트 아메리칸을 만족시키는데 주안

점을 둘 것이다. 이렇게 본다면 트럼프 대통령이 취임 후 멕시코, 중국 등과 거친 통상 협상을 하지 않을 수 없다.

<hr />

제로섬 게임Zero-Sum Game의 양자 통상 협상으로 회귀

"우리는 모든 나라와 공정fair하게 협상 할 것이다."

트럼프가 당선 후 한 말이다. TPP, NAFTA 같은 지역주의를 버리는 대신 주요교역상대국과 공정한 양자 통상 협상을 해서 미국인의 일자리를 되찾아 오겠다는 것이다.

이 같은 양자 통상 협상은 다음과 같은 3가지 측면에서 통상 갈등을 유발한 가능성이 크다.

첫째, 앞으로 트럼프 행정부의 가장 중요한 협상 상대국은 중국, 멕시코, 한국, 일본 같이 미국에 대해 무역 흑자를 보는 나라들이다.

따라서 협상 이슈가 무역 흑자를 줄이기 위해 상대국의 시장을 더 개방하고 비관세 장벽을 없애라는 것이 될 것이다.

문제는 과거 1980년대와 1990년대 미국과 일본, 한국, 중국과의 양자 통상 협상 경험에서 보듯이, 상대국들이 순순히 응하지 않은 다는 점이다.

'재패니스 스마일'이란 비아냥거림이 한 때 워싱턴에서 떠돈 적이 있다. 일본 통상 관료들이 워싱턴에 와서 '일본의 비관세 장벽을 제거하겠다'고 약속을 하고는 이 핑계 저 핑계 대며 잘 움직이지 않은 것이다.

이는 양국 간 불신으로 이어지고 1980년대와 1990년대에는 미일, 한미 통상 관계는 부드럽지 못했다.

둘째, 공정하게fair 협상하겠다고 했는데 '도대체 무엇이 공정이냐?'는 질문이다. 1990년대 후반 한국의 자동차 시장 개방 협상에서 이를 가지고 두 나라 관료 사이에 치열한 논쟁을 한 적이 있다.

미국은 한국이 대형 승용차에 대해 높은 세금을 부과해 덩치가 큰 GM, 포드를 차별하기 때문에 불공정unfair 무역 관행이라고 비판하였다.

반면 한국의 입장은 기름 한 방울 안 나는 나라에서 에너지 절약을 위해서라도 지나치게 큰 대형 승용차의 소비를 억제할 국가 정책적 당위성이 있다고 반박하였다. 논쟁하고 또 논쟁하고 했지만 결국 해결이 안 되고 1997년 가을 한국 자동차 시장의 불공정무역관행으로 '슈퍼 301조'를 두들겨 맞았다.

셋째, 양자 통상 협상의 마지막 문제는 바그와티 교수가 말하는 미국의 공격적 일방주의Aggressive Unilateralism이다. 다자주의시대 어느 나라 무역 관행의 불공정 여부는 WTO에서 결정해야 하는데 미국이 일방적으로 상대국의 제도나 정책의 공정함을 판단한다는 것이다. 물론 이는 WTO 정신 위배라고 비판한다.

02

NAFTA 흔들기, 가벼운 첫 승

NAFTA는 미국의 일자리 도둑

트럼프 대통령이 주장하듯이 NAFTA가 정말 미국인의 일자리를 빼앗았느냐, 아니면 오바마 대통령이 말하듯이 오히려 일자리를 창출했느냐에 대해선 1994년 이래 끊임없이 논쟁거리가 되고 있다.

쉽게 말해, 미국노동총연맹산업별조합회의AFL-CIO나 미 경제정책연구소The Economy Policy Institute 같은 반NAFTA 단체들은 NAFTA 때문에 GM, 포드 같은 기업들이 미국 내 공장을 닫고 멕시코로 옮겨 가 제조업에서 적어도 100만여 개의 일자리가 없어졌다고 주장한다.

미국 상무성이나 상공회의소 같은 친NAFTA 단체의 주장은 정반대다. NAFTA 덕에 지난 23년간 두 나라 무역이 7배나 늘어 일자리가 무려 500만 개나 새로 만들어졌다고 설명한다.

도대체 어느 쪽 말이 맞는 것일까?

그 어느 쪽 손도 들어 줄 수 없는 정말 피곤한 논쟁이다.

친NAFTA건 반NAFTA건, 양쪽 다 결론은 미리 정해놓고 고용 효과에 대해 자기편에 유리한 계산 방법을 썼기 때문이다. 쉽게 설명하면 이렇다. 친NAFTA 단체는 미국에서 멕시코나 캐나다로 수출이 늘었으니 미국 내 일자리가 그만큼 더 만들어졌다고 한다. 수출에만 분석의 초점을 맞추는 것이다.

반NAFTA 단체는 미국이 멕시코, 캐나다와의 무역에서 엄청난 적자를 보고 있으므로 수출보다는 수입이 더 늘어났고 그만큼 일자리를 빼앗겼다고 주장한다.

실제로 미국은 역사적으로 멕시코에 대해 무역 흑자를 보고 있었는데 NAFTA가 생긴 8년 후인 2000년에는 250억 달러 적자, 2015년 530억 달러 적자로 엄청난 규모의 무역 적자가 발생했다.[27] 쉽게 말해 '수입 증가＝미국 내 일자리 파괴'라는 등식이 생기게 된 것이다.

그럼 잠깐 다음 표를 보자.

이 표는 미국에서 멕시코와의 무역 적자로 어떤 주가 얼마만큼의 일자리를 빼앗겼는지를 보여준다. 1위는 주 전체 일자리의 1% 가까이를 빼앗긴 인디애나 주(IN), 미시건 주(MI)이고, 다음이 0.6% 정도를 잃은 오하이오 주(OH), 일리노이 주(IL) 등이다. 모두 자동차, 철강, 기계 공업이 밀집한 러스트-벨트 지역이다.

반면, 헤리티지 연구소에 따르면 캘리포니아 주와 텍사스 주에선 각각 57만 개, 39만 개의 일자리가 NAFTA 덕분에 새로 생

멕시코와의 무역 적자에 따른 미국의 주별 고용 감소 현황 (2010년)

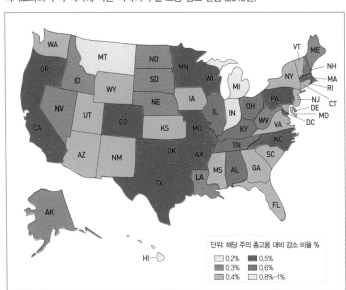

겼다고 한다.

NAFTA로 미국에서 전체적으로 일자리가 증가했는지 감소했는지는 알 수 없지만, 한 가지 확실한 것은 지난 대선에서 앵그리 화이트 아메리칸이 모여 있는 러스트-벨트는 NAFTA로 피해를 본 패자 지역이었다는 것이다.

그렇다면 멕시코와 재협상을 하겠다는 트럼프의 말은 상당히 일리 있는 주장이다. 멕시코 전체 수출의 80%가 미국을 대상으로 하고 있기 때문에 멕시코의 대미 협상력은 절대적으로 약한 형편이다. 미국이 노리는 것은 미국 기업들의 투자 대상국으로서 멕시코의 매력을 떨어뜨리는 것이다. 그러기 위해서 멕시코에서 생산돼 미국으로 들어오는 제품에 관세든 부가가치세든 어떠한 형태로든지 세금을 매겨야 한다. 이는 '무관세'라는 NAFTA의 기본 골격을 흔드는 것으로, 이미 멕시코에 진출해 있는 미국 기업뿐만 아니라 일본, 한국 기업들에게까지 투자국으로서 멕시코의 매력이 상실되는 것을 뜻한다.

만약 멕시코가 끝까지 버틴다면 유세 때 공약한 대로 트럼프가 정말 NAFTA에서 탈퇴할까?

W. 부시나 오바마 대통령이라면 그러지 못할 것이다. 그러나 트럼프는 그럴 수 있으리라고 본다. 'NAFTA 협정문'을 보면

미 행정부가 미리 통보만 하면 탈퇴 절차에 들어갈 수 있다. 전문가들은 미 헌법에 따라 통상 권한이 의회에 있으므로 의회의 동의가 필요한 데 대한 논란이 있을 수 있고, 미국 법원에서 쟁송이 벌어질 여지도 있다는 점을 지적한다.

그러나 트럼프가 예측 불허의 통 크고 뛰어난 협상가라는 점을 잊어선 안 된다. 일단 NAFTA 탈퇴라는 초강수를 뒀을 때 그가 진정 노리는 것은 협상력을 높여서 멕시코를 굴복시키는 것이다.

미국과 멕시코는 '사랑과 증오 Love & Hate' 관계

역사적으로 멕시코는 미국과 전쟁이든 협상을 해서 이겨본 적이 없다. 공직에 있을 때 통상 장관 회담에 참석하러 멕시코에 간 일이 있다. 해가 떠 있는 대낮 회담장에서는 '미국과 멕시코 사이의 우호 관계'를 강조했다.

"전쟁 한 번 해서 자기 나라 영토의 반을 빼앗긴 나라는 멕시코밖에 없을 것이다."

저녁에 테킬라 몇 잔을 마시고 얼큰해진 멕시코 고위 관리 입에서 나온 말이다. 지금은 텍사스에 들어온 멕시코 인 불법 이민이 문제지만, 과거에는 멕시코에 들어온 미국인 불법 이민이 문제였다. 왜냐하면 19세기 전반에는 지금의 텍사스, 캘리포니아, 애리조나에 걸친 땅이 모두 멕시코 영토였기 때문이다. 1846~1847년 미국과의 전쟁으로 그 좋은 금싸라기 땅을 모조리 미국에 빼앗겼다. 그런데 재미있는 것은 미국의 역사책에는 그런 설명이 없다. 멕시코와 협상을 해서 정당한 대가를 지불하고 서부의 영토를 구입했다고 기술돼 있을 뿐이다.

03

—

중국 후려치기로 시작될
무역 전쟁

—

미국이 중국을 후려치는 2가지 이유

멕시코와의 협상에서 가뿐하게 첫 승을 거뒀으니 다음 차례는
태평양 건너 중국이다. 지난 대선 캠페인 중 트럼프는 부당하게
환율을 조작해 미국인의 일자리를 빼앗아 간 주범으로 중국을
가장 많이 도마에 올렸다. 오죽 열 받았으면 모든 중국산 수입
품에 대해 45% 관세를 부과하겠다고 했겠는가!

미국 내 수입 점유율

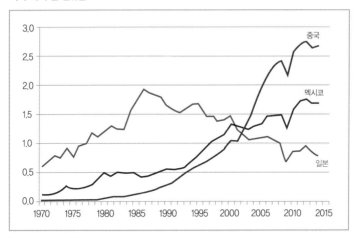

* 단위: 미국 GDP 대비 %
* 출처: ㈜ Douglas Irwin(2016. 11.)

위의 표가 그 이유를 잘 설명해주고 있다. 중국, 일본, 멕시코에서의 수입이 미국의 GDP에서 차지하는 비중(%)으로 수입을 장기적으로 분석해보면 우선 왜 트럼프가 유세 기간 중 일본을 비난하지 않았는지도 알 수 있다. 미국과 일본 간의 무역 마찰이 고조에 달했던 1985년 일본 제품의 점유율이 2% 가까이까지 올라갔으나 그 이후 꾸준히 하락해 2015년 현재 1% 이하인 0.6~0.7% 수준에서 오락가락하고 있다.

반면, 중국에서의 수입이 폭발적으로 늘었다. 미국이 중국의 세계무역기구WTO 가입을 허용하고 시장 경제국의 지위를 부여

한 2000년대 초반 약 1.2%에 불과하던 점유율이 2015년에는 2.7% 수준으로 2배 이상 성장했다. 당연히 미국의 대對중 무역 적자가 2000년의 900억 달러에서 2015년에는 3,650억 달러로 4배 이상 증가했다.[28]

트럼프의 머릿속에 '수입＝미국인의 일자리 파괴'라는 고정 관념이 있으니 미국인의 일자리를 빼앗아 간 주범은 중국인 셈 이다. 미국인의 일자리를 되찾아 오겠다고 '앵그리 화이트 아메 리카'에게 약속하고 백악관에 들어갔으니 경제적으로 중국과 한 판 크게 붙지 않을 수 없다.

"중국을 너무 키웠다!" 10배의 법칙

늑대 새끼인 줄 알고 2001년 WTO에 가입 시켰는데 시간이 지 나고 보니 중국이 미국의 헤게모니에 도전하는 호랑이가 되어 버린 것이다.

126쪽 표에서 보듯이 WTO 가입 직전인 2000년 겨우 1조 2,113억 달러에 불과하던 중국의 GDP가 2015년에는 11조 7억 달러로 무려 10배나 증가하였다. 물론 이 같은 놀라운 경제성장 은 미국이 시장을 너무 너그럽게 개방해주어 중국의 수출이 같

WTO 가입 후 중국의 GDP, 수출, 군사비와 미국 제조업 일자리 감소

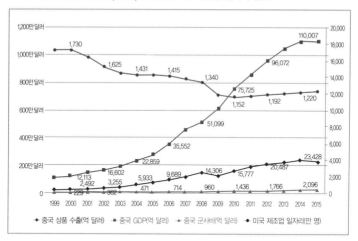

은 기간 2,492억 달러에서 2조 3,428억 달러로 10배가 급증한 덕분이다.

그런데 신기하게도 중국의 이 같은 경제 발전에 정확히 발맞추어 미국 제조업의 일자리가 줄어들었다. 2000년 1,730만 개이던 일자리가 2015년에는 1,220만 개로 줄어들었다. 500여만 개의 일자리가 날아간 셈이다. 그러니 트럼프 대통령이 중국에 칼날을 겨눌 만도 하다.

이 같은 경제발전 덕분에 같은 기간 중 군사비 지출로 229억 달러에서 2,096억 달러로 거의 10배가 증가해 이제 명실상부한 세계 2위의 군사 대국이 되었다.

'10배의 법칙'이 정확히 적용된다.

트럼프 대통령의 말 대로 미국의 바보(!) 같은 자유무역주의 덕분에 중국의 수출과 경제력 10배, 그리고 군사력을 10배로 키워주었다.

중국의 군사적 도전

70여 년 전 진주만을 기습하던 일본항공모함 보다 조금 나은 수준이지만 그것도 항공모함(?)이라고 중국은 랴오닝호에 13대의 젠-15 함재기를 싣고 2016년 말 서해안을 나와 태평양으로 진출해 영토 분쟁 지역인 남중국해까지 무력시위를 하였다. 환구시보는 "중국의 항공모함 함대가 처음으로 제1 도련선을 돌파해 태평양으로 진출했다"고 자랑스럽게 보도했다. 제1 도련선은 중국이 1982년에 설정한 오키나와-타이완-필리핀을 잇는 해상 방어선이다. 이를 넘어선 것은 미국이 제해권을 쥐고 있는 태평양에 도전하겠다는 배포다. 서해에 움츠리고 있던 연안해군에서 이제 슬슬 대향해군을 넘보며 태평양으로 나가려 한다.

시진핑 주석이 "태평양은 미국과 중국 두 나라가 나누어 가지기에 너무 큰 바다"라는 말이 허언이 아니라는 것을 입증하는 것이다.

더욱이 미국의 군사동맹국인 일본, 한국, 타이완 에너지 공급의 목줄을 죄고 있는 남중국해 암초에 국제법을 무시하고 군사요새를 세우고 있는 것은 미국으로서 도저히 불과할 수 없는 도발 행위다. 1,000년도 넘은 당나라 시대의 역사적 배경을 가지고 말도 안 되는 억지로 자기 땅이라 우기지만, 태평양 전쟁 때 이 지역에서 수많은 전투를 치룬 미국의 입장에선 도저히 받아들일 수 없는 배은망덕한 행위다.

경제적으로 너무 키웠더니 그 돈으로 군사력을 증강해 미국의 헤게모니에 도전하는 것이다. 1980년대 일본 경제가 승승장구해 미국을 바싹 뒤쫓을 때 일본은 세계 2위의 경제 대국으로 부상했지만 군사적으로 미국에 도전하지는 않았다.

역사적으로 볼 때 세계 초강대국 사이의 파워에 지각 변동이 있을 때 항상 군사적 충돌이 있었다. 5대양 6대주에 유니언잭을 휘날리던 대영제국에 신생 독일제국이 도전할 때 제1차 세계 대전이 일어났고, 태평양에서 일본 제국주의가 미국에 도전할 때 태평양 전쟁이 벌어졌다. 어쩌면 중국의 이 같은 군사 대국화가 트럼프 사람(!)들이 이번 기회에 중국을 단단히 손봐주려는 진짜 속마음인지도 모른다.

중국 저격수로 짜여진 트럼프 군단軍團(!)

전장戰場에 나서는 장군을 보면 그 나라가 공격형 전쟁을 할지 방어형 전쟁을 할지를 미리 알 수 있다. 이번에 짜여진 트럼프 내각을 보면 국무장관에서 시작해 신설된 백악관 국가무역위원회National Trade Council 위원장, 상무장관에 이르기 까지 모두 한결같이 중국을 후려치는 저격수들이다.

일단 선봉장 역할을 피터 나바로 위원장이 할 것 같다. 그는 반중反中 학자 정도가 아니다. 그보다 더한 중국 혐오 학자이다. 그의 저서《웅크린 호랑이, 중국 군국주의가 세계를 지배하는 날Crouching Tiger: What China's Militarism Means for the World》에서 "미국을 구하고 당신 가족을 보호하기 위해서 중국 물건을 사지 말자Don't buy made in China"라고 말한다. 그리고 그간 중국에 휘둘려온 오바마 정부의 어물쩍한 온건 정책을 강하게 비판하였다. 또한 "중국의 WTO 가입 이후 5만 7,000개의 미국 공장이 사라지고, 2,500만 명의 미국인이 좋은 일자리를 못 구하고 있다"라고 주장했다.

상무장관으로 임명된 윌버 로스Wilbur Ross와 함께 중국을 '세계 역사상 가장 큰 무역 사기꾼biggest trade cheater in the world'라고 비난했다.[29] 즉, 중국은 환율을 조작하고, 불법 보조금, 노동자 학대 등 불공정 무역을 일삼는 무자비하고 포악한 전체주의적 경찰국가로 묘사하였다.

아무리 교수가 쓴 책이지만 좀 심하게 중국을 몰아붙였다. 그런데 이렇게 자극적이어야 책이 팔리는지 결과적으로 대박을 쳐서 트럼프가 그의 저서에 매료되었다. 대선 기간 중 그가 중국에 대해 한 험담을 보면 거의 모두 나바로 교수의 머리에서 나온 것을 알 수 있다.

트럼프 대통령은 그를 국가무역위원회의 위원장에 임명하며 앞으로 해야 할 일을 명확히 명시했다. 미국의 일자리가 중국, 멕시코 등으로 탈출하는 것을 막으라는 것이다. 또한 "미국 물건을 사고, 미국인을 고용하자_{Buy America, Hire America}"라는 정책 슬로건을 내세웠다.

피터 나바로가 중국 때리기의 선봉장이라면 윌버 로스 상무장관은 야전 사령관이다. 베슬리헴스틸 등 파산한 미국의 주요 철강업체를 한데 모아 2002년 인터내셔널 스틸 그룹_{ISG}을 만든 경험이 있는 그는 미국 중북부 '러스트–벨트'의 애환을 잘 알고 있다. 특히 상무성을 반덤핑 관세, 상계 관세, 세이프 가드 등을 발동하는 국제무역위원회_{ITC}를 산하에 가지고 있기 때문에 중국 물건의 수입 제재에 막강한 힘을 발휘할 수 있다.

미국 무역 대표부_{USTR} 대표에 임명된 로버트 라이시저_{R. Lighthizer}는 레이건 행정부 때 USTR 부대표로서 20여개 양자 무역 협정에 참여하였다. 특히 1980년대에는 미국과 일본 사이의 통상 갈등이 심했는데, 그는 뛰어난 일본 후려치기 전문가로서 명성을 날렸다. 1980년대 말 로펌으로 옮긴 후 주로 수입 제한 쪽에서 일을 많이 했다. 뉴욕타임스 등 신문에 기고한 칼럼에서 "자유무역주의자들이 도그마에 빠져있다. 우리의 일자리를 얼마나 잃는지에 관심이 없다", "레이건 대통령은 일본산 철강에 과감히 관세를 부과해 미국 철강 산업을 지켰다"라고 강조했다. 피터 나바로와 우열을 가리기 힘든 보호무역주의자이다.

국가무역위원회, 무역대표부, 상무성에 명실상부한 중국 때리기 삼총사가 자리를 잡은 셈이다.

트럼프 대통령의 절묘한 중국 후려치기 협상 전략

트럼프 대통령은 기존의 게임의 룰을 완전히 바꾸고 워싱턴 주류 정치·외교권이 쌓아 놓은 판을 뒤흔들 것이다. 물론 이는 중국은 물론 워싱턴에도 상당한 충격과 당혹감을 주고 예측 불가능성을 증폭시킬 것이다. 그 첫 번째 행보가 블라디미르 푸틴 친구인 렉스 틸러슨을 국무장관으로 임명한 것이다. 그는 엑슨모빌에서 잔뼈가 굳은 '석유 맨'으로, 1999년 170억 달러 사할린 원유 채굴 사업을 성사시킨 공로로 CEO까지 수직 상승한 인물이다. 푸틴 대통령이 결정적으로 이 사할린 프로젝트를 지원해 주었고, 2013년에는 러시아 최고의 우정훈장Order of Friendship까지 받았다.

이 같은 인선은 오바마 행정부와 정반대로 러시아와 손을 잡고 중국과 한판 붙겠다는 것이다. 실익을 추구하는 억만장자인 트럼프의 입장에서 볼 때 미국의 이익과 관계가 없는 우크라이나 사태로 러시아와 등을 돌리는 건 어리석은 짓이다. 미국의 일자리와 안보를 위협하는 중국을 후려치기 위해서는 '시베리아의 곰'과 손잡겠다는 것이다.

미 언론은 이것을 '역逆 닉슨Nixon 정책'이라고 부른다. 1970년대 소련을 견제하기 위해 미국이 중국과 수교한 것과 정확히 반대 상황이 벌어진 것이다.

둘째, '하나의 중국One China' 정책을 지렛대leverage로 만들어 기존 미중 관계를 판부터 흔들어대는 것이다. 중국 정부는 수차례에 걸쳐 "'하나의 중국' 정책만은 절대 흥정 대상이 아니다"라고 강하게 반발하고 있다. 벌써 중국이 트럼프 대통령의 고도의 협상 전략, 즉 미끼decoy에 말려들어가고 있다.

1981년 로널드 레이건 대통령도 취임식에 타이완 총통을 초

청해 중국을 깜짝 놀라게 한 적이 있다. 레이건 대통령은 이를 미끼로 활용해 중국으로부터 상당한 것을 얻어내고 다음 해에 슬며시 '하나의 중국' 정책으로 회귀하였다. 트럼프 대통령이 노리는 것이 바로 이 점이다. 워싱턴이 던진 미끼에 베이징이 크게 반발하면 할수록 그 미끼의 가치는 커진다. 중국이 실컷 열 받고 화내고 난 후에 하나의 중국 정책 이라는 미끼를 양보하면 트럼프 군단이 해야 할 중국 후려치기에서 상당한 양보를 얻어 낼 수 있을 것이다.

벌써 맥스 보커스 주중 미국 대사가 바빠졌다고 한다. 전에는 면담 신청을 해도 콧방귀도 안 뀌던 베이징의 고위 관리들이 보커스 대사 좀 만자자고 야단이란다. 이것은 단편적인 예에 불과하지만 한참 미끼의 값이 올라가고 있는 것을 알 수 있다.

마지막으로, 기선을 제압하는 위협 효과이다. 트럼프가 마치 으르렁거리는 사자와 같이 하도 거칠고 예측하기 힘들게 행동하니까 중국에 대한 상당한 위협 효과를 가져오고 있다.

이것의 좋은 예가 닉슨 대통령이 사용한 미치광이 이론Madman Theory[30]이다. 1969년 베트남 전쟁이 한창일 때 전 세계 주둔 미군에게 핵전쟁 경계령을 내린 다음에 자신은 화가 나면 자제 못하고 핵 버튼에 손을 올려놓고 있다는 소문을 퍼트렸다. 이 효과

때문인지는 모르겠지만 결국 북베트남을 배후 지원하는 소련을 협상 테이블로 나오게 했다.

중국 같은 나라에 대한 위협은 일종의 협상용이다. 위협의 진짜 목적은 중국이 겁을 먹어 미리 양보하게 만들거나 협상력을 높이기 위한 것이다. 그렇기 때문에 국제 협상에서 어느 나라의 위협이 실제로 보복으로 이어져 서로 치고 싸우며 상처 받은 사례는 거의 없다. 영어로 말하면 "으르렁거리기는 하되 물지는 않는 것Bark, but not Bite"이다.

그런데 이 같은 트럼프 대통령의 위협 효과가 2016년 12월 15일 중국이 나포한 미 해군 수중 드론 사건에서 슬며시 나타났다. 오바마 행정부는 "공해상의 불법 나포이니 빨리 돌려 달라"고 항변했다. 그런데 트럼프는 그의 트위터에서 "중국이 그 드론을 가져라"라고 엉뚱한 말을 했다. 중국은 5일 만에 드론을 미국에 반환했다. 파격적으로 발이 빠른 행보다. 전문가 분석에 의하면 그 드론을 트럼프가 대통령에 취임할 때까지 가지고 있다가는 일이 더 크게 벌어질 것 같아서 얼른 오바마 행정부에 돌려주었다는 것이다. 제법 일리가 있는 분석이다.

04

치킨게임을 할
미국과 중국의 무역 전쟁

이웃 나라 멕시코를 눌렀듯이 중국과의 협상에서도 가볍게 승리할 수 있을까?

　대답은 부정적이다. 경제적·군사적으로 볼 때 세계 2위의 대국으로 올라선 중국은 결코 만만한 상대가 아니다. 트럼프가 성난 사자처럼 물어뜯으려 하면 시진핑習近平은 포효하는 호랑이같이 달려들 것이다.

중국은 보복을 하는 나라

우리나라가 사드(THAAD, 고고도 미사일 방어 체계) 배치를 하려 하자 중국은 교묘히 보복을 하고 있다. 과거에 쉽게 주던 복수 비자를 주지 않고 단수 비자만 준다. 한국에 대한 '한한령限韓令'으로 중국에서 전지현, 송중기 같은 한국 인기 연예인의 드라마, 영화 출연은 물론 한국산 제품 광고도 제한하고 있다.

과거 미국과 일본, 한국, 중국 사이의 통상 분쟁의 역사를 봐도 그렇다. 1990년대 미국이 종합 무역법 301조나 슈퍼 301조를 발동하겠다고 위협하면 일본이나 한국은 바짝 엎드렸다. 어떻게 해서든 우방인 미국과 분쟁을 일으키지 않으려고 소프트-포지션 협상을 했다.

그러나 중국은 다르다. 전 세계에서 미국의 위협에 맞서는 거의 유일한 국가다. 중국의 〈글로벌타임스Global Times〉는 2016년 11월 14일 자 사설에서 이렇게 피력한다.

"만약 미국이 중국에 45% 관세를 부과하면 중국도 맞대응하겠다. 미국의 보잉기 대신 유럽의 에어버스를 구매하고, 콩, 옥수수 같은 미국산 곡물 수입도 하지 않겠다. 물론 GM, 포드 같은 미국 자동차와 아이폰의 중국 내 판매도 줄어들 것이다."

언론의 자유가 없는 중국에서 관영 매체는 정부의 뜻을 전한다는 점을 생각할 때 의미심장하게 받아들여야 할 부분이다. 이는 트럼프 행정부에서 미국과 중국이 치킨게임을 할 우려가 크다는 뜻이다.

치킨게임에서 누가 승리할까?

좁은 나무다리에서 자전거를 탄 남자와 여자가 마주 보며 달려온다. 서로 상대가 먼저 양보할 것이라고 생각하고 계속 질주한다. 둘 다 먼저 양보하기를 거부하는 것이다. 하지만 충돌 일보 직전 남자와 여자는 양보하며 비켜선다. 이유는 간단하다. 양보를 하지 않았을 때 나타날 파괴적 효과가 엄청나기 때문이다. 앞으로 미국과 중국이 치킨게임을 한다면 이는 충돌 자체가 목적이 아니라 서로 상대에게 압박을 가해 협상에서 유리한 고지를 점령하기 위한 것이다.[31]

무역 전쟁으로 번질 미·중 사이의 치킨게임은 다음과 같은 3가지 요인에 따라 우열이 가려질 것이다.

중국도 협상을 잘 하는 나라

첫째, 누가 협상을 잘하느냐 하는 아주 단순한 질문이다.

트럼프 대통령이 협상에는 자신이 있다고 하지만, 중국인은 타고난 협상가다. 영어에서 '협상'을 뜻하는 단어는 기껏해야 'deal', 'negotiation', 'bargaining' 등 서너 개가 고작이다. 중국어에서 '협상'을 뜻하는 단어는 '담판', '책략', '모략', '술책', '교섭' 등등 참으로 많다.

수천 년을 아시아의 제국으로서 군림해온 중국엔 주변국과의 무수한 협상을 통해 얻은 엄청난 노하우가 쌓여 있다. 트럼프가 뛰어난 협상가라지만 그가 상대할 중국의 지도자들은 "뛰는 자 위에 나는 자"일지도 모른다.

중국인의 협상 능력을 보여주는 재미있는 일화를 하나 소개하겠다. 마오쩌둥이 1949년 신新중국을 건설하고 보니 만주의 이권을 소련의 스탈린이 쥐고 있었다. 1945년 얄타 회담에서 국민당의 장제스蔣介石가 항일전에 소련을 자기편으로 끌어들이기 위해 만주 횡단 철도 운영권을 주고 뤼순·다롄 항을 소련 해군에 빌려준 것이다.

건국 초기, 마오쩌둥은 이를 해결하려고 스탈린을 만나러 모스크바로 달려갔다. 그가 말을 꺼내자마자 스탈린이 코웃음을 치면서 협상 자체를 하지 않으려 했다. 이제 막 어렵게 중국을 통일한 애송이 지도자 마오쩌둥에게 만주 이권을 넘겨줄 생각이 전혀 없었던 것이다.

여러분이 마오쩌둥이라면 스탈린과 어떻게 협상을 했겠는가? 보통 다시 크렘린 궁전을 찾아가 설득, 회유, 아니면 애원을 했을지 모른다. 그렇다면 음흉한 스탈린과 똑같이 음흉한 마오쩌둥이 협상하면 누가 이길까? 답은 더 음흉한 사람이 이긴다이다.

마오쩌둥은 모든 공식 일정을 취소하고 호텔방에 틀어박힌 채 밖으로 나오지 않았다. 소련인 종업원은 방에 들어오지도 못하게 하고, 밥도 중국 대사관에서 가져다 방에서 먹었다. 처음엔 스탈린도 '별 이상한 친구가 다 있네' 하며 몰로토프 외무장관에게 호텔로 찾아가 보라고 했다. 몰로토프가 갔을 때 마오쩌둥은 문도 안 열어줬다.

이렇게 하루 이틀 시간이 흐르면 어떤 일이 벌어질까? 모스크바에 간 중국의 지도자가 카메라에 모습을 보이지 않으니 로이터통신, UPT 등 세계의 매체가 바빠졌다.

"스탈린이 마오쩌둥을 감금했다."

심지어는 죽었을지도 모른다는 추측 기사가 난무했다. 잘못하면 모든 비난을 스탈린이 뒤집어쓸 판이었다. 당황한 스탈린은 결국 마오쩌둥과 협상을 해 만주 이권을 중국에 되돌려줬다. 트럼프가 위협 분위기를 조성해 협상 상대의 기선을 제압해버린다면, 중국은 교묘하게 스트레스 상황을 조성해 기를 죽이려 할 것이다.

1972년 닉슨 대통령이 헨리 키신저와 함께 중국을 방문했을 때의 일이다. 키신저의 저서 《중국에 관하여On China》를 보면, 중국은 일단 미 대통령 전용기가 수도인 베이징으로 곧장 날아오지 못하게 했다. 어디 대국의 수도에 직접 들어오느냐는 것이다. 상하이에서 비행기를 갈아타고 베이징으로 가야 했다.

그다음이 걸작이다. 미국 대통령이 갔는데 마오쩌둥과의 면담 시간을 미리 알려주지 않았다. 통보해줄 테니 호텔에서 기다리고 있으라는 말에 닉슨 대통령과 키신저는 이제나저제나 불러주기를 기다리고 있다가 호출(?)을 받고 허둥지둥 마오를 만나러 갔다. 협상을 하기 전부터 교묘하게 상대의 기를 꺾는 것이다.

2014년 11월, '베이징의 레드 카펫' 기사가 세계 신문의 톱을 장식했다. G20 정상 회의에 참석하러 온 오바마 대통령의 전용기가 베이징 공항에 도착했는데 외국 정상을 맞는 레드 카펫을 깔아주지 않은 것이다. 동남아의 다른 외국 정상들은 레드 카펫을 밟고 비행기에서 내렸는데 말이다. 이를 놓고 중국 외교부와 미국 의전 당국 사이에 왈가왈부 신경전이 있었지만, 이유가 어떻든 간에 오바마 대통령으로선 레드 카펫이 아닌 맨바닥에 첫발을 디뎌야 했으니 씁쓸했을 것이다.

역사적으로 중국은 스트레스 상황Stress Situation을 의도적으로 조성하는 데 도가 텄다. 키신저 회고록에 쓰여 있듯이, 1970년대 중국과 수교를 협의하기 위해 키신저가 베이징을 방문해 "안녕하세요?How are you?" 하며 그 유명한 저우언라이周恩來 수상의 방에 들어서는 순간 저우언라이가 입에서 이상한 소리를 내더니 누런 침을 바닥의 타구에 탁 뱉는 것이 아닌가. 마치 미사일을 쏘는 것처럼 정확하게 말이다.

평생 그런 일을 본 적이 없는 키신저는 상대의 돌출 행동에 한동안 정신이 멍했다고 한다. 그런데 기록에 따르면 중국 수상은 외국의 VIP를 만날 때 그렇게 가래침을 뱉는 '습관'이 있다고 한다. 다분히 의도적이다.

―――

트럼프와 시진핑의 승부 근성Persistence

트럼프가 으르렁거리는 사자라면 시진핑은 산전수전 다 겪은

노회한 호랑이다. 사자와 호랑이가 싸우면 누가 이길까? 우스갯말로 "사흘 굶어 강한 승부 근성을 지닌 놈이 이긴다"고 한다. 두 사람 중 누가 승부 근성이 더 강할지 속단하기는 이르지만 한 가지 확실한 것은 트럼프가 공격적이라면 시진핑은 인내하며 기회를 노리다가 상대의 아킬레스건을 겨냥해 역공할 것이다. 승부 근성에 관한 한 트럼프와 시진핑 모두 만만치 않다. 트럼프가 전형적인 하드-포지션 협상가라지만 시진핑도 그에 못지않다. 남중국해 섬 영토 분쟁에서 국제상설중재재판소Permanent Court of Arbitration, PCA가 필리핀의 손을 들어줬는데 단칼에 무시해버리는 것을 보라. 사진은 센카쿠 열도 분쟁으로 중·일 관계가

좋지 않던 2014년 11월 아베 신조 총리와 악수하는 시진핑의 모습이다. 상대에게 아예 눈길조차 주지 않음으로써 기선을 제압하는 강한 근성을 가지고 있다.

그런데 트럼프와 시진핑, 두 지도자 사이의 승부 근성은 본질에서 차이가 있다. 트럼프는 금수저를 물고 태어나 아버지가 물려준 재산으로 인생을 승승장구했다. 시진핑도 공산당 간부였던 시중쉰習仲勳의 아들로 태어나기긴 했다. 중국에서 장래가 보장된 태자당太子黨(중국 당·정·군·재계 고위층 인사들의 자녀를 일컫는 말)인 셈이다. 그런데 부친이 문화 대혁명 기간 중 실각하는 바람에 열일곱 살이던 1969년에 오지로 쫓겨 가 6년을 보냈다.

1971년 트럼프가 25세의 나이로 아버지 사업을 물려받아 초호화 아파트에 살면서 사교 클럽 '레 클럽'의 저명인사들과 어울리고 있을 때, 시진핑은 산시 성 옌안 량자허촌의 3평짜리 토굴에서 배고픔, 벼룩, 고된 노동과 싸워야 했다. 벼룩이 하도 물어뜯어 온몸에 물집이 잡힐 정도였는데 2년쯤 지나니 벼룩이 물어도 잠을 잘 수 있게 됐다고 한다.

트럼프가 자신의 이름을 딴 트럼프 타워를 짓고 희망찬 시절을 보낼 때 시진핑은 10번이나 공산당 입당 원서를 쓸 만큼 처절한 시절을 보냈다.

차이가 있다면 트럼프가 선거를 통해 정상에 오른 반면, 시진핑은 공산당 내부의 피도 눈물도 없는 권력 투쟁을 통해 경쟁자를 한 명씩 한 명씩 꺾고 지도자가 됐다.

협상 결렬 비용과 국내 정치 정치적 부담

중국과 치킨게임을 하다 보면 트럼프의 가장 큰 약점은 협상력이나 승부 근성이 아니라 미국의 국내 정치 시스템에서 비롯될 것이다. 다시 말해, 국제 협상은 2단계 게임이다. 상대국과 협상을 잘해야 할 뿐더러 의회, 노조 등 국내 이해 집단의 지지도 받아야 한다.

무역 전쟁으로 두 나라가 치킨게임을 하면 모두에게 엄청난 협상 결렬 비용이 발생한다. 〈사우스차이나 모닝포스트South China Morning Post〉는 전문가 분석을 인용해 "트럼프가 미국으로 수출되는 중국 제품에 정말 45%의 관세를 적용하면, 중국의 대미 수출은 4,200억 달러(약 484조 원) 줄고 중국의 GDP는 4.8% 감소할 것"이라고 전했다.

트럼프는 대선 유세 기간 중 중국이 최대 45%까지 환율을 조작했으니 거기에 상응해 45%까지 관세를 부과할 수 있다고 말했다. 하지만 45%는 아니더라도 중국의 주요 수출품에 대해 반덤핑, 관세, 상계 관세 등의 형태로 평균 15% 정도의 관세만 부과해도 중국의 GDP는 1.8% 감소한다.

미·중 관계가 투자, 교역으로 긴밀히 뒤얽혀 있는 것을 고려할 때 미국의 '중국 후려치기'에 대응해 중국이 보복할 것은 참으로 많다.

피터슨국제경제연구소의 분석에 따르면, 중국, 멕시코와 무역 전쟁이 일어나 서로 보복 관세를 부과하면 미국 경제가 침체하고 약 500만 개의 일자리가 없어질 것이라고 한다. 물론 성장률 저하와 무역량 축소로 미국 경제가 전반적으로 침체의 늪에 빠질 것이다.

IMF는 〈2016 World Economic Outlook〉 보고서에서 미중 간에 무역 전쟁이 벌어져 중국이 대응 보복을 하면 미국의 경제 성장률이 0.2%p 떨어지고, 수출입도 모두 2% 안팎의 감소세를 보일 것이라고 경고하였다.[32]

그런데 정작 더 큰 문제는 중국의 대응 보복에 대한 미국 국내의 정치적 반발이다.

재미있는 사례를 하나 살펴보자. 1994년 중국에 불법 소프트웨어 복제가 많은 것을 트집 잡아 미국 무역 대표부USTR가 '스페셜 301조'를 발동했다. 지적재산권 위반을 이유로 미국에 대한 중국의 10억 달러 상당 수출품에 100% 보복 관세를 부과하기로 한 것이다. 일본이나 한국이 이런 일을 당하면 먼저 언론이 야단스럽게 들썩이고 통상 장관이 허겁지겁 워싱턴으로 날아갈 것이다.

중국은 다르다. 미국이 발표한 지 불과 한 시간 만에 강력한 대응 보복 조치를 내놓았다. 미국 자동차 회사의 중국 내 합작 투자를 금지하고 미국에서 수입하기로 했던 대규모 통신 장비를 유럽에서 사겠다는 것이다.

자, 미국 내에서 어떤 일이 벌어졌을까?

자동차 회사 포드, GM과 통신 장비 제조업체 AT&T가 깜짝 놀라 들고일어났다. "중국 소프트웨어 복제로 미국이 잃는 것은 불과 수백만 달러인데, 자동차 생산 투자가 결렬되고 대규모 통신 장비를 팔지 못하면 수십억 달러의 손실을 보게 된다"고 말이다.

결국 미국 내 관련 업계의 압력에 밀려 USTR은 슬그머니 '스페셜 301조'의 칼을 거둬들였다. 미국의 통상 정책에 대기업이 끼치는 영향력은 결정적이다. 중국에 보복을 당한 GM, 애플, 월마트 등이 아우성을 친다면 국내 정치적으로 트럼프 대통령은 굉장히 궁지에 몰릴 것이다. 더구나 국무 장관, 상무 장관 등에 미 업계를 대표하는 기업인들을 임명해놓았는데 말이다.

허깨비 지렛대로 소련을 굴복시킨
레이건 같은 지도자가 될 수 있을까?

지금까지 살펴본 것처럼 앞으로 트럼프 대통령이 펼칠 신보호주의적 양자 통상 협상과 중국과의 통상 갈등 등을 생각하면 걱정이 크다. WTO 체제, NAFTA, 지금의 미·중 관계, 한·미 동맹, 이 모두가 지난 수십 년 동안 해당 국가들이 수많은 시행착오와 노력을 거듭해 만든 것이다. 이걸 잘못 뒤흔들어놓으면 가뜩이나 침체하는 세계 무역에 찬물을 끼얹는 결과를 낳을 수 있고, 또한 미국과 어깨를 나란히 하는 대국으로 부상했다고 콧대가 높아진 중국과 무역 전쟁이 일어날 수도 있다.

하지만 한편으론 은근히 기대가 되는 것도 사실이다. 솔직히 우리나라로서도 점점 거드름을 피우는 중국에 불만이 쌓이고 있는 상황에서 트럼프 대통령이 속 시원하게 한판 붙으면 북핵 문제 등에서 새로운 출구를 열지도 모른다.

세계 협상의 역사를 보면 어떤 때는 트럼프나 레이건 대통령처럼 승부욕이 강하고 좀 무모한 듯한 지도자가 뜻밖의 쾌거를 이뤘다. 트럼프 대통령은 로널드 레이건 대통령을 존경한다. 자신도 그처럼 역사적으로 평가받는 인물이 되고 싶어 한다.

오늘날 세계가 핵 공포에서 벗어난 것은 논리적이며 말을 아주 잘하는 뛰어난 외교관 키신저 덕분이 아니다. 강한 승부 근성을 가지고 통 큰 협상을 하며 가끔 엉뚱하고 무모한 면이 있었던 레이건 대통령의 공이 크다. 1960년대에 캘리포니아 주지사를 지내긴 했지만 영화배우 출신의 레이건이 대통령이 됐을 때 세계가 느낀 분위기가 요즘과 비슷했다. 훌쩍 큰 키에 어딘지 껄렁껄렁하고 산만한 듯한, 그러나 뭔가 변화를 가져올 만한 새로운 스타일의 강한 미국 지도자라는 인상이 짙었다. 어느 면에서 트럼프와 비슷한 점이 있긴 하다.

1986년 아이슬란드 레이캬비크에서 레이건과 고르바초프가 만났을 때 역사적인 핵무기 감축 협상이 타결됐는데, 그때 최대 걸림돌이 레이건 대통령이 적극 추진하던 우주 미사일 요격 시스템, 즉 SDI 프로젝트였다. 이는 소련이 먼저 핵미사일을 쏘더라도 미국이 우주에서 레이저로 요격해서 격추시키는 획기적 시스템이다. 만약 미국이 SDI 개발에 성공하면 소련이 보유한 핵무기는 무용지물이 된다. 당시 GNP의 30%가 넘은 돈을 군비 경쟁에 쏟아 붓던 고르바초프로선 SDI 개발 경쟁에 뛰어들 경제적 여력이 없었다.

그래서 고르바초프는 미국의 SDI 개발을 저지시키고자 필사의 노력을 했고, 레이건은 그가 매달리면 매달릴수록 이를 지렛대 삼아 협상력을 높였다. 한술 더 떠서 "SDI만은 절대 포기하지 않겠다"라고 미국 국민들에게 약속했기 때문에 이것만은 절대 양보할 수 없다고 버텼다. 심지어 고르바초프가 계속 SDI 개발 포기를 고집한다면 협상은 깨진 것이라며 회의장을 뛰쳐나가기도 했다. 결국 미국의 SDI 개발 포기 조건으로 소련이 정말 획기적인 양보를 해서 핵 감축 협상이 타결됐다.

그런데 알고 보니 이 SDI가 허깨비였다!

개발 계획 당시부터 과학자들은 성공 가능성이 없다고 내다봤지만 레이건 대통령이 밀어붙였다. 결국 기술적 문제와 예산 문제로 SDI 개발 계획은 레이캬비크 정상회담 몇 년 후 취소됐다. 과연 레이건 대통령은 처음부터 SDI 개발이 실현 가능성이 없다는 것을 알았을까? 만약 그렇다면 그는 이를 지렛대로 만들어 소련을 굴복시킨, 남들보다 한 수 위인 정말 뛰어난 협상가다. 이런 면에서 예측 불허의 트럼프 대통령에게 거는 기대도 있다.

헨리 키신저 전 국무 장관은 "트럼프 현상은 외국에서는 없는 매우 충격적인 경험이며, 그렇기 때문에 미국에 특별한 기회가 될 수 있다"라고 말한다. 또한 "도널드 트럼프가 미국 역사에 훌륭한 대통령으로 남을 가능성이 있다"라고 긍정적으로 평가한다.[33]

Negotiation

4장

—

도널드 트럼프와
어떻게 협상할 것인가?

Donald Trump

01
—

다시 거세질 한미 통상 갈등

"한미 FTA는 10만 개의 일자리를 파괴하였다Job-Killer Deal."

"한미 FTA로 미국은 7만 5천개의 일자리를 잃었고 무역수지 적자는 두 배로 늘었다."

첫 번째 말은 트럼프가 유세 중 여러 번 되풀이 한 말이다. 두 번째는 앞으로 미국 통상 정책의 사령탑 역할을 할 피터 나바로 국가무역위원회 위원장의 비판이다. 한미 FTA에 대한 두 사람의 곱지 않은 시선을 볼 때, 트럼프 행정부와의 통상 협상이 험난할 것 같다.

과거형 양자 통상 협상의 부담

미국과는 다자주의나 지역주의 협상이 훨씬 낫다. 강대국인 미국과 양자 통상 협상을 하려면 정말 피곤하다. 그 이유는 앞 장에서 자세히 설명했지만 필자의 경험을 바탕으로 볼 때에도 그렇다. 2000년 전까지 정부의 통상 부처에 근무하며 미국과 수많은 협상을 했는데 다자나 지역 통상 협상을 할 때와 양자 통상 협상을 할 때 상대의 태도가 전혀 다르다.

한미 FTA 같은 지역 통상 협상을 할 때는 두 나라 대표가 서로 시장 개방을 함으로써 상호 이익을 증진시킬 수 있다고 긍정적 접근을 한다. 말하자면 양쪽 모두 좋은 윈―윈win-win 게임을 하고 있다고 서로 생각하는 것이다. 따라서 협상 과정에서 밀고 당기기를 하더라도 기본적으로 분위기나 태도가 부드럽다.

그러나 양자 통상 협상을 할 때는 다르다. 두 나라 관리들이 협상 테이블에 앉았을 때는 뭔가 불만이 있기 때문이다. 예를 들어, 한국이 교묘히 자동차 시장을 개방하지 않으니 미국은 상대를 후려쳐서라도 목적하는 것을 얻어내야 한다. 이런 양자 협상은 누군가는 양보해야만 하는 제로섬 게임이 된다. 1997년 가을 '슈퍼 301조'가 발표될 때 필자는 통상 장관을 수행해 워싱턴에 있었고, 그때의 살벌한 분위기가 지금도 느껴져 씁쓸하다.

다행히 2000년 들어 지역주의가 대두해 한미 통상 관료 사이의 관계가 부드러워졌는데 다시 과거의 양자 통상으로 되돌아간다면 미국의 공격적 일방주의와 싸워야 할지도 모른다.

미국 협상 대표를 바라보는 우리 언론의 시선만 봐도 차이를 알 수 있다. 한미 FTA 협상의 수석대표인 웬디 커틀러Wendy Cutler는 착한 미국 아줌마처럼 보인다. 오죽하면 국내 신문에 "그녀가 김종훈 수석대표를 사랑스런 눈길로 보았다"라는 호평이 나왔겠는가.

하지만 1990년대 후반 한미 간 통상 갈등이 고조됐을 때 USTR 대표였던 칼라 힐스나 바셰프스키Barshefsky 같은 통상 장관은 절대 뒤로 물러서지 않는 '돌담 같은 여인', '억센 아줌마 같은 여성 장관'으로 불렸다. 실제로 한국과의 협상 테이블에 앉았을 때 그들은 그렇게 행동했다.

___

한미 안보 통상: 기회인가, 부담인가?

한미 통상 협상의 특징은 군사 동맹으로 묶인 두 나라 사이의 안보와 경제적 이익을 다루는 통상이 뒤섞여 있다는 점이다.

"경제적 부담 능력이 생긴 한국이 주한 미군의 방위비를 더 부담해야 한다."

"북한의 김정은과 햄버거를 먹으며 협상할 수 있다."

트럼프 행정부에서 두 나라가 협상할 이슈는 단지 한미 FTA 재협상뿐만이 아니라 북핵, 주한 미군 방위비 분담, 사드 배치 등이다. 따라서 통상 협상은 이 같은 안보 이슈 협상의 영향을 받지 않을 수가 없다. 이러한 안보 통상 때문에 우리나라의 대미 협상력이 다소 약화되는 것은 사실이다. 군사 동맹인 미국을 우방으로 보고 가능하면 통상 갈등을 일으키지 않으려고 한다. 앞에서 살펴본 하버드대학교 협상 모델의 소프트-포지션 협상을 하려는 것이다.

그러나 이 같은 안보 통상은 미국에도 영향을 준다. 1997년 9월 말 우리나라 자동차 시장에 대한 '슈퍼 301조' 발동 여부를 놓고 미국 행정부 내 국장급 실무 조정 회의에서 국무성은 강한 반대 의사를 표명했다.

"동북아 안보에서 중요한 위치를 차지하는 동맹국 한국에 대해 무역 제재 조치를 한다는 것은 미국의 안보에 심각한 손해를 가져다줄 우려가 있다."

이러한 국무성의 강한 반대 때문에 법에 정해진 '슈퍼 301조' 지정 기한인 9월 30일을 불과 이틀 남겨놓고도 미국 정부는 선뜻 결정을 내리지 못하고 있었다. 물론 이때 처음부터 공격적으로 '슈퍼 301조' 발동을 주장한 부처는 USTR이었다.

이같이 대외 통상에서 국무성과 USTR이 입장 차이를 보이는데는 역사적 이유가 있다. 미국의 통상 정책은 1960년대 초까지만 해도 외교와 안보를 관장하는 국무성에 속했다. 자연히 한국과 같은 동맹국에 대한 대외 통상을 동서 냉전의 틀 속에서 바라봤다. 이에 따라 동북아 최전선에서 공산주의와 싸우는 한국에 아주 너그러운 통상 정책을 취했던 것이다.

그러나 기업의 경제적 이익보다도 안보를 우선하는 국무성의 통상 정책에 대한 경제계의 반발이 커지자 존 F. 케네디 대통령 때 국무성에서 지금의 USTR 전신인 특별무역대표부Special Trade Representative로 이관했다.

트럼프 행정부에서도 이 같은 일이 다시 벌어질 수도 있다. 북핵, 주한 미군 방위비 분담 협상은 국무성과 국방부가 하고, 한미 FTA 재협상 등은 USTR이 하게 될 것이다.

이에 얽힌 재미있는 일화가 있다. 한미 FTA 협상이 난항을 거듭하고 있을 때 결정적인 물꼬를 튼 것은 백악관의 콘돌리자 라이스Condoleezza Rice 안보 보좌관이 한국 고위층에 전화하여 협상 기한을 연장해서라도 타결시키라고 제안한 것이다. 두 나라 사이의 FTA는 경제 이슈이기에 백악관에서 알렌 크뤼거Alan Kruger

경제 보좌관이 전화통을 들어야 하는데 안보 보좌관이 나선 것이다. 이는 미국이 한미 FTA를 단순한 경제 이슈가 아닌 안보 문제까지 고려했다는 사실을 말해주고 있다.

한국에 대한 입장 차이가 있는 미국의 여러 개 부처가 담당하는 안보와 통상 협상은 서로 유기적으로 연결돼 영향을 받을 것이다. 백악관에서 통상협상을 총 지휘 할 피터 나바로 국가무역위원장과 안보 문제를 다룰 마이클 플린Michael Flynn 국가 안보 보좌관 사이의 역학관계가 중요한 변수로 작용할 것이다. 이러한 안보 통상이 우리에게 유리하게 작용할지, 또는 부담이 될지는 아직 속단하기 어렵다.

02

—

백악관 협상은
맨해튼 협상과 다르다

"트럼프 대통령의 도전과제는 비즈니스에서 쌓은 능력을 국제 무대에서 발휘하는 것이다." (헨리 키신저 전 국무장관, 2018. 12. 18. CBS)

—

국제 무대에 선 도널드 트럼프 협상

사업가로서 트럼프가 뛰어난 협상가인 것은 부인할 수 없다. 그런데 정작 백악관에 들어가 세계 최강의 경제력과 군사력을 지닌 미국의 대통령으로서도 그 뛰어난 협상가적 기질을 잘 발휘할 수 있을까?

쉽게 말해 '맨해튼에서 부동산 개발 협상을 잘하던 실력으로 백악관 주인으로서 외국과의 국제 협상도 잘할 것인가?' 하는 문제다.

같은 미국이지만 뉴욕과 워싱턴은 아주 큰 차이가 있다. 도시 분위기뿐만이 아니고 거리를 걸어 다니는 사람들의 옷차림부터 행동까지 모두 다르다. 게다가 생각하는 방식Way of thinking도 아주 다르다. 뉴요커는 철저히 비즈니스를 중심으로 생각하며, 워싱턴 사람들은 다분히 정치·역사 지향적인 생각을 한다. 마치 중국에서 상업 도시인 상하이와 정치 수도인 베이징¹ 사이의 차이와 비슷하다.

트럼프 대통령이 사업가 시절에 했던 협상 사례를 자세히 살펴보면 한 가지 우려를 감출 수가 없다. 그는 트럼프 타워나 애틀랜틱시티 카지노처럼 부동산 개발을 위한 협상에선 발군의 실력을 발휘했다.

그런데 트럼프 셔틀 항공사, 트럼프 보드카 등 다른 분야에서는 고전을 면치 못했다. 1989년 트럼프가 이스턴 에어라인을 인수할 때만 해도 흑자 항공사였다. 그런데 이를 인수해 트럼프 셔틀로 이름을 바꾼 뒤 그가 가장 공을 들인 것은 비행기 실내를 트럼프 타워처럼 멋들어지고 호화롭게 장식하는 것이었다. 화장실 수도꼭지는 금색으로 치장하고, 좌석 시트와 바닥 카펫부터 모든 것을 최고급으로 꾸몄다. 물론 승객을 더 많이 유치하기 위한 결정이었을 테지만, 결과는 3년 만인 1992년 막대한 적자를 보고 도산했다.

땅 위에 사람이 사는 건물을 짓는 것과 하늘을 나는 비행기 운항 사이의 차이를 무시한 것이다. 승객들은 기내 화장실의 금색 수도꼭지보다 항공기의 안전과 정확한 스케줄에 더 관심이 많다.

이와 같이 부동산 말고는 다양한 사업 경험이 없다는 것이 공직과 군대 경험이 전무 하다는 점과 함께 그에게 약점으로 작용할 것이다.

————

트럼프 대통령을 둘러쌀 워싱턴 사람들

이러한 약점의 보완은 그의 행정부에 얼마나 우수한 '트럼프 사람'들을 기용할 것인가, 그리고 워싱턴에 있는 다양한 전문가 그룹을 얼마나 활용하느냐에 달려 있다. 그런데 틸러슨 국무장관, 피터 나바로 국가무역위원장, 위버 로스 상무장관, 로버트

라이시저 USTR 대표 등 새로 짜여진 트럼프 군단을 보면 만만치가 않다. 트럼프 대통령의 보호주의적 성향을 누그러트리는 역할을 할 것 같지 않다. 특히 피터 나바로 교수는 대선 캠프에서 트럼프의 참모 역할을 하였기에 트럼프가 한 말이 어쩌면 나바로 교수가 주입시킨 아이디어인지도 모른다. 로버트 라이시저 USTR 대표도 과거 일본 후려치기에 명성을 날리던 인물로 윌버 로스 상무장관과 함께 하드-포지션 협상가로서 한미 통상 이슈를 다룰 것 같다.

미국에서 대통령이 바뀌면 5,000여 개의 일자리가 바뀐다 한다. 당연히 백악관뿐만 아니라 국무성, 상무성, USTR에 대거 물갈이가 있을 것이다. 누가 전문 통상 관료로 새로 임명되든지 트럼프 대통령의 생각이 하도 강경하고, 오른팔 역할을 할 피터 나바로 위원장도 강경 매파이기에 당분간은 트럼프 군단의 대세에 따라가지 않을 수 없을 것이다.

미 의회와의 협상

트럼프 대통령의 독주에 유일하게 희망을 걸 수 있는 곳은 미 의회이다. 미국 헌법 제1조에 통상 권한은 의회에 있다고 명시하고 있다. 전통적으로 '미 대통령의 자유무역주의-의회의 보호무역주의'란 말이 있다.

미시건 주의 자동차, 몬태나 주의 쇠고기 같이 지역 선거구의 산업과 고용을 챙겨야 하는 의원들은 보호주의 정책을 선호하지만, 미국 경제 전체와 세계 속의 미국을 생각해야 하는 대통령은 자유 무역을 추구한다는 것이다.

지금까지는 그래왔다.

그런데 이번 트럼프 이변 때문에 상황이 거꾸로 되었다. 확신 범적 보호주의자인 트럼프 대통령과 그를 둘러싼 피터 나바로 등 트럼프 군단(!)을 의회가 제동을 걸어야 할 판이다. 특히 집권 당인 공화당의 역할이 크다.

19세기 남북 전쟁 때만 해도 '공화당은 보호무역-민주당은 자유무역'이었다. 북부 산업 지역에 정치적 기반을 둔 공화당은 세계 최강의 영국제품으로부터 자국 산업을 보호하려했다. 하지만 남부 농업 지역에 뿌리를 내린 민주당은 자유 무역으로 유럽의 값싸고 질 좋은 공산품을 사용하고 싶어 했다. 그런데 20세기 들어 미국 제조업이 세계 최고로 올라서자 기업을 대표하는 공화당은 자유주의로, 근로자와 소상공인을 대표하는 민주당은 보호무역주의로 바뀌었다.

미 의회에서 통상에 관한 권한을 가진 곳은 하원의 세입세출

위원회Ways & Means이고 상원에서는 재무위원회이다. 현재 하원 의장을 맡고 있는 공화당의 폴 라이언Paul Ryan, 미치 매코널Mitch McConnell 원내 대표, 그리고 공화당의 캐빈 브래디Kevin Brady 하원 세입세출 위원장, 공화당의 오린 해치Orrin Hatch 상원 재무위원장의 역할이 막중하다. 기본적으로 이들은 자유무역주의자들이기에 의회의 권한으로 트럼프 군단이 지나치게 극단으로 흐르는 것을 어느 정도는 견제 할 수는 있을 것으로 기대된다. 그런데 이들이 모두 공화당이기에 같은 당의 트럼프 행정부의 보호주의 정책에 어느 정도나 제동을 걸지는 의문이다.

또한 2015년 일정 범위 내에서 통상 협장 권한을 위임하는 무역촉진권Trade Promotion Authority을 대통령에게 주었기에 의회의 견제에도 한계가 있다. 특히, '1962년 통상확대법 232조', '1972년 통상법 301호', '1988년 종합무역법' 등에 의해 대통령은 의회의 동의 절차를 거치지 않고도 행정명령으로 상당 수준의 보호주의적 조치를 할 수 있게 되어있다.

워싱턴의 전문가들이 진짜 우려하는 것은 트럼프 대통령의 협상 스타일이다. 일단 NAFTA 탈퇴 선언 등 막무가내로 일을 저지르고 보는 성격이기 때문에 잘못하면 의회가 그의 뒤치다꺼리를 하거나 마지못해 추인해주는 역할을 하게 될지도 모른다.

03

—

으르렁거리는 사자와의 협상 전략: 하드-포지션 협상가 다루는 법

지금부터 이야기하는 것은 우리나라 기업의 비즈니스 협상에서도 활용할 수 있다. 미국에 도널드 트럼프 같은 비즈니스맨들은 얼마든지 있다.

—

사자의 3가지 특성을 파악하라

트럼프 대통령이 으르렁거리는 사자와 같은 하드-포지션 협상가라면 이런 상대와 협상하기란 쉽지 않다. 하지만 TV의 〈내셔널지오그래픽〉채널에서 아프리카 사자를 유심히 보면 몇 가지 흥미로운 사실을 발견할 수 있다.

첫째, 한번 노린 먹잇감은 절대 놓치지 않는다. 끈질긴 승부 근성을 지닌 것이다. 그러므로 사자와 협상할 때 그가 원하는 걸 내주지 않을 수 없다.

둘째, 하지만 일단 배를 채우고 나면 낮잠을 잔다. 그럴 때는 가젤같이 먹음직스러운 먹잇감이 옆에 지나가도 눈길도 주지 않는다. 어느 면에서는 탐욕스럽게 마냥 포식하려 드는 인간보다 낫다. 이는 사자가 원하는 것을 주고 나면 '주고받기give & take' 식 협상의 여지가 있다는 것을 뜻한다.

셋째, 더욱 눈길을 끄는 것은 패자를 해치지 않는 놀라운 관대함이다. 늙은 수사자가 우두머리인 무리에 있는 암사자들을 차지하기 위해 다른 무리의 젊은 수사자가 찾아온다. 그러면 둘이 사생결단을 낼 듯이 치열하게 한판 붙는다. 힘이 달리는 늙은 수사자가 배를 보이며 땅에 드러눕는 행동으로 패배를 인정하면 젊은 수사자는 더 이상 공격하지 않는다. 물론 패배한 늙은 수사자는 쓸쓸히 초원으로 떠나야 하지만 말이다. 이는 사자와 같은 하드-포지션 협상가와 협상할 때도 힘이 달림을 인정하고 백지 수표를 내밀면 의외로 성과를 얻을 수 있다는 걸 시사한다.

이러한 사자의 특성을 파악했다면 트럼프 행정부와 어떻게 협상할 것인지 알아보자.

'파이트-백Fight-back': 같이 으르렁거려라

이는 트럼프가 자신의 저서에서 강조한 전략이다. 트럼프는 상대가 으르렁거리며 거칠게 나오면 똑같이 으르렁거리며 받아치라고 강조한다. 그러면 의외로 좋은 성과를 얻을 수 있다고 한다.

집 근처를 산책하다 보면 가끔 재미있는 모습을 볼 수 있다. 덩치 큰 셰퍼드가 시추 같은 작은 개한테 다가가면 조그만 녀석이 심하게 으르렁거리며 짖어댄다. 덩치를 생각할 때 도저히 으르렁거릴 처지가 아닌데 말이다. 그런데 의아한 점은 큰 개가 같이 몇 번 으르렁거리다가 슬며시 꽁무니를 뺀다는 것이다.

앞으로 거세질 한미 통상 갈등의 격랑에서 한국도 중국처럼 대응 보복 같은 것을 할 수 있다며 미국에 달려드는 전략이다.

말이 그렇지, 한미 관계의 현실을 생각할 때 이는 쉽게 휘두를 수 있는 협상 전략은 아니다.

사실 우리나라 지도자나 통상 장관들 중에서 이런 거친 대미 통상 협상 전략을 쓸 정도의 배짱을 가진 사람을 찾아보기 힘들다. 단지, 앞으로 벌어질 주한 미군 방위비 분담금 증액 논쟁 등으로 과거 1970년대 말 지미 카터Jimmy Carter 행정부 때와 같이 주한 미군의 철수가 거론되고, 한미 FTA 파기와 같이 예상 밖으로 트럼프 행정부와의 협상이 꼬일 때 마지막 선택으로 한번 고려해볼 만한 전략이다.

_____
미국이 말려든 한미 군사 동맹 협상

한미 협상의 오랜 역사에서 우리가 '파이트-백' 전략을 쓴 적이 딱 한 번 있다. 1950년대 이승만 대통령이 미국과 군사 동맹 협상을 할 때다. 요즘 일부에서는 한미 군사 동맹이 당연히 미국이 먼저 우리에게 요구한 것이라고 알고 있다.

이와 정반대다. 6·25 전쟁에 참전해 태평양 건너 조그만 나라에서 3년간 치른 전쟁에 넌더리가 난 미국은 적당히 휴전 협정을 하고 한반도에서 발을 떼려고 했다. 마치 베트남 전쟁에 잘못 말려들었다가 곤욕을 치른 뒤 1973년 파리 협정으로 베트남에서 손을 떼듯이 말이다. 베트남은 미군이 철수한 지 불과 2년 뒤인 1975년에 공산화하고 말았다.

이를 알아차린 이승만 대통령이 워싱턴과 군사 동맹을 체결하려고 했지만, 미국은 코웃음만 쳤다. 그 당시 미국의 군사 동맹이란 유럽의 북대서양조약기구NATO, 일본, 오스트레일리아처럼 제법 수준이 되는 상대와 맺은 조약이었다. 한국같이 보잘것없는 나라와 군사 동맹을 할 이유가 전혀 없었다.

이승만 대통령은 명문 프린스턴대학교를 나왔다. 프린스턴시절 윌슨 교수 집에서 딸과 피아노도 치고 그랬는데, 그가 바로 미국의 28대 대통령인 우드로 윌슨Woodrow Wilson이다. 그러니 누구보다도 미국을 잘 알고 있었다.

그저 매달리고 호소하는 협상 전략으로는 미국을 움직일 수 없다고 판단한 이승만은 바로 '파이트-백' 전략을 쓰기로 했다. 처음 내민 카드가 국군 단독의 북진 통일이다. 미국이 적당히 휴전 협정을 맺고 철수하려 한다면 국군만으로 중공군, 북한군과 싸우겠다는 것이다. 전혀 현실성이 없는 이야기다. 그러나 미국에겐 피곤하다. 가능하면 빨리 손을 떼려고 하는데 한국의 대통령이 엉뚱한 행동을 해대는 것이다.

한 걸음 더 나아가 1953년 6월 드디어 사고까지 쳤다. 새벽에 공산군 포로 중에서 자유세계로 가길 원하는 이른바 반공 포로 2만 7,000여 명을 석방해줬다. 물론 미국과는 일언반구 상의도 안 하고 말이다. 워싱턴이 발칵 뒤집혔고, 판문점 회담장에 나타난 공산 측 대표 역시 난리를 쳤다. 휴전 협상의 가장 큰 이슈가 포로 교환 문제인데 한국이 일방적으로 중국군, 북한군 포로를 석방해버렸으니 말이다. 뒤에 알려진 일이지만, 이때 미국은 이승만 대통령의 제거까지 검토할 정도로 열을 받았다고 한다.

이것은 마치 사자 앞에서 진돗개가 짖어대는 것과 같다. 하지만 빨리 휴전 협정을 맺고 철수하고 싶었던 미국은 한국의 요구를 들어주는 수밖에 없다고 판단해 결국 울며 겨자 먹기로 1953년 10월 한미 군사 동맹을 맺었다. 미국통인 이승만 대통령의 파이트-백 협상 전략이 아니었으면 불가능한 일이었다.

'중국 지렛대' 협상 전략

우리나라가 정면으로 드러내놓고 파이트-백 전략을 쓰기는 힘들지만 중국 카드를 지렛대leverage로 만들면 대미 협상력을 상당히 높일 수 있다. 트럼프는 자신을 유리하게 해줄 지렛대를 만들어서 협상력을 높여야 한다고 말한다.

2007년 6월 한국과 미국 두 나라 정부가 한미 FTA 공식 서명을 하고 국회 비준을 기다리고 있을 때였다. 워싱턴을 방문해 피터슨국제경제연구소, 국제전략문제연구소CSIS, 헤리티지 재단, 그리고 미 의회 관계자들을 만났을 때 그들의 입에서 한결같이 나온 말이 있다.

"바보같이 W. 부시 대통령이 중국을 과도하게 의식해 한국과의 FTA 협상을 너무 서둘렀다."

한국에 너무 양보했다는 이야기다. 사실 이 말은 상당히 일리가 있다. 2006년 6월 두 나라 정부가 FTA 공식 협상을 시작할 때 한국 정부는 중국에 정치적으로 우호적이고 경제적으로도 점점 가까워지고 있었다. 2003년부터 2006년 사이 한국의 미국과의 교역량은 590억 달러에서 700억 달러로 소폭 늘어난 데 비해, 대중 교역은 570억 달러에서 1,070억 달러로 무려 2배 가까이 급증했다. 따라서 2003년까지만 해도 미국이 한국의 제1 교역 상대국이었는데 2004년 이후 그 자리를 중국에 내줬다.

태평양을 사이에 두고 떠오르는 중국과 군사적·경제적으로 치열한 헤게모니 게임을 해야 됐던 워싱턴은 이는 그냥 묵과할 수 없었다. 동아시아를 볼 때 유일하게 일본이 미국과 굳건한 동맹 관계를 유지하고 동남아 국가들은 오락가락하고 있었다.

군사 동맹국인 한국이 베이징 쪽으로 기우는 것을 바로잡고자 W. 부시 행정부가 한국과의 FTA를 서둘렀고 그러다 보니 양보를 너무 많이 했다는 워싱턴 정가의 비난이다.

두 나라 정부가 공식 FTA 협상 개시를 선언할 때 일본, 이탈리아 등 25개국이 미국과 FTA를 하고 싶어서 기다리고 있었다. 이들 국가를 제치고 유독 한국을 고른 것은 중국 때문이라는 해석이다.

워싱턴과 베이징을 방문해 고위 관리나 전문가들과 이야기를 나눠보면 흥미로운 사실을 발견하게 된다. 워싱턴에서 한국을 이야기할 때는 늘 중국 이야기를 함께 한다. 즉, 한·중 관계에 관심이 많은 것이다. 반대로, 베이징에서는 언제나 한·미 관계를 의식하며 이야기한다.

거대한 초강대국들 사이에 끼어 있으면 너트 크래커(nut-cracker, 호두를 양쪽에서 눌러 까는 기구)가 된다고 한다. 고래 싸움에 새우 등 터지는 것이다. 그러나 우리가 협상만 잘하면 이를 지렛대로 활용할 수 있다.

앞에서 예측했듯이 미국과 중국이 한판 무역 전쟁을 시작하면 아·태 지역의 기존 국제 질서가 요동을 칠 것이다. 미국의 입장에서는 한국처럼 힘이 돼줄 우방국을 하나라도 만드는 것도 중요할 것이다. 미국의 미묘한 지정학적 입장을 생각할 때

이는 꽤 설득력 있는 협상 전략이다. 하지만 굳건한 한미 동맹과 주한 미군 방위비 분담, 북핵 등을 생각할 때 대미 통상 협상에서 중국을 지렛대로 활용하는 데는 분명 한계가 있다. 특히 미국, 한국, 중국이 첨예한 갈등을 보이고 있는 사드 배치 문제가 있어서 더욱 그렇다.

미국과 중국의 헤게모니 게임과 역내 포괄적 경제 동반자 협정RCEP

우리에겐 '역내 포괄적 경제 동반자 협정Regional Comprehensive Economic Partnership, RCEP'이라는 또 다른 지렛대가 있다. 이 지렛대는 좀 더 편하고 자연스럽게 쓸 수 있다. RCEP는 한·중·일 3국과 아세안ASEAN 10개국, 그리고 오스트레일리아, 뉴질랜드, 인도 등 16개국이 참가하는 일종의 '메가 FTA'이다. 아·태 지역에서 미국이 주도한 메가 FTA가 TPP였다면, 중국이 리더십을 발휘하는 것이 바로 이 RCEP다.

베이징은 트럼프 대통령이 TPP를 휴지통에 버리는 걸 보고 내심 회심의 미소를 짓고 있다. 2013년 5월 협상을 시작한 이래 지지부진했던 RCEP에서 지금부터라도 중국이 강한 리더십을 발휘해 성사시킨다면 아·태 지역에서 한판 승리를 거둘 수 있다. RCEP 16개국을 자세히 보면 협상 성사에 중요한 역할을 할 나라는 결국 한·중·일 3국이다. 만약 한국이 적극적으로 중국 편을 들어 RCEP을 성사시키려 한다면 미국의 심기는 편하지 않을 것이다. 한마디로 말하면 RCEP 협상에 지렛대를 꽂아놓고 이리저리 돌려보는 전략이 대미 협상력을 높이는 수단이 될 수도 있다. 하지만 그 효과는 간접적이고 즉각적이진 않을 것이다.

04

—

한미 FTA를 점검하라

———

모범 FTA, 그러나 너무 늘어난 미국의 무역 적자

해마다 워싱턴에서 열리는 '한미 오피니언 리더스 포럼US-Korea Opinion Leaders Forum'이나 도쿄, 베이징에서 열리는 국제 세미나에 가보면 수전 슈워브Susan Schwab 전 USTR 대표, 제프리 쇼트Jeffrey Schott 피터슨국제경제연구소 수석 연구원 같은 미국 대표들이 하나같이 강조하는 말이 있다.

　"한미 FTA는 미국이 다른 나라와 맺은 수많은 무역 협정 중에 가장 모범적인 골든 스탠더드Golden Standard"라는 것이다.

사실 이 말은 맞다. 2011년 발효된 한미 FTA는 미국이 그때까지 맺은 FTA 중 경제 규모가 가장 큰 국가와 맺은 FTA다. 그전에 맺은 FTA는 칠레, 싱가포르, 컬럼비아, 오스트레일리아 등 미국의 주요 교역 상대국이 아니었다. 그런데 세계 10위 경제권 국가이며 미국의 6번 째 교역 대상국인 한국과 상호 시장 개방을 하기로 했으니 그 의미가 크기도 하다.

개방의 폭도 아주 넓어서 협정 체결 후 3년 이내에 양국 무역의 94%를 완전 자유화하기로 했다. 즉, 관세를 철폐하는 것이다. 또한 그간 한국이 개방을 꺼리던 쇠고기, 돼지고기, 오렌지 등 농산물에 대해서도 10년 정도의 기간을 가지고 점진적으로 관세를 내리기로 했다. 미국이 가장 관심이 보였던 자동차 시장 개방에서도 커다란 진전이 나타났다. 3,000cc 이하 승용차 관세는 즉시 철폐하고, 3,000cc 이상 승용차 관세는 3년 내에, 그리고 트럭 등 상용차는 10년에 걸쳐 25%에서 12.5%로 인하하기로 합의했다. 지적재산권 보호 기간도 50년에서 70년으로 연장하고, 금융, 컨설팅, 법률, 교육, 헬스·케어 시장도 개방하기로 합의한 것이다. 미국과 한국 모두가 아주 훌륭한 FTA로 자랑할 만도 하다.

덕분에 177쪽 표에서 보듯이 발효 후 4년간(2011~2015년) 양국 간 무역액이 667억 달러에서 1,138억 달러로 2배 가까이 훌

한미 교역량 및 미국의 대한 적자

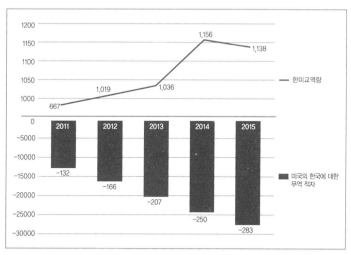

* 단위: 억 달러, %
* 출처: 기획재정부, 조선일보 34

쩍 늘어났다.

　다 좋은데 문제는 눈덩이처럼 늘어난 미국의 한국에 대한 무역 적자이다. 2011년 132억 달러에 불과하던 무역 적자가 2015년에는 무려 283억 달러로 2배 이상 증가했다. 교역량 증가보다 더 빠른 속도로 미국의 무역 적자가 늘어난 것이다. 한미 FTA 때문에 대한 무역 적자가 엄청나게 늘어났고 이 때문에 미국인의 일자리가 적어도 10만 개 이상 사라졌다는 주장이 나올 만하다.

　178쪽 표를 보면 왜 트럼프가 한미 FTA에 부정적 생각을 가지는지 또 다른 이유를 짐작할 수 있다.

미국의 주요 교역국과의 상품 교역 적자

	2011	2012	2013	2014	2015	증가율(%)
전체	7,406	7,411	7,025	7,414	7,593	3.2%
중국	2,952	3,151	3,187	3,430	3,656	6.0%
EU	993	1,163	1,255	1,420	1,533	14.0%
캐나다	340	316	318	353	148	-12.1%
멕시코	645	617	544	538	583	-2.5%
일본	631	764	733	671	686	2.7%
한국	132	166	207	250	283	23.0%

*단위: 억 달러
*주: 5개년 연평균 증가율 2010~2015년
*출처: 미국 통계청

미국의 최대 무역적자국은 단연 중국으로 2015년 3,656억 달러다. 그다음이 유럽 연합EU 1,533억 달러, 일본 686억 달러, 한국 283억 달러를 나타내고 있다. 적자 규모로 보면 4등으로 일본 뒤에 숨을 수 있는데, 문제는 적자의 증가 속도다. 2011년부터 2015년까지의 기간 중 미국의 대對중 적자는 6%, EU는 14%, 일본은 2.7% 증가했다. 그런데 한국은 무려 23%나 폭발적으로 늘어났다.

'무역 적자=일자리 파괴'라는 트럼프의 세계관에서 볼 때 한미 FTA는 분명히 문제가 있다.

국제 통상 협상의 역사를 보면 적자 규모도 중요하다. 하지만 자국의 특정국과의 무역 적자가 빠르게 증가하면 여기에 더 민감하게 반응하고 칼날을 겨눈다.

소프트–시그널Soft-Signal의 윈–윈 전략

으르렁거리는 사자에게 구태여 달려들 건 없다. 앞에서 말했듯이, 먹이를 먹고 나면 다른 먹잇감에 관심이 없고 패자에게 뜻밖에 관대하다. 상대와 다툴 생각이 없고 협력하겠다는 소프트–시그널을 보내며 서로 좋은 윈–윈 협상 방안을 찾는 것이다.

일본이 바로 이 전략을 쓰고 있다. 아베 총리가 트럼프가 당선되자마자 재빨리 맨해튼의 트럼프 타워로 달려가 적극 협력하겠다는 소프트–시그널을 보냈다. 뒤이어 2016년 12월 6일 소프트뱅크의 손정의 회장이 트럼프를 만나 미국에 500억 달러를 투자해 무려 5만 개의 일자리를 만들어 주겠다고 호언했다. 둘이서 악수 하는 모습을 보면 트럼프의 입이 귀밑까지 올라갔다. 덕분인지 트럼프 군단에서 일본 후려치자는 목소리는 그리 크지 않다.

사자는 하드–포지션 협상가와 같다고 했는데, 협상에서 포지션position의 뜻을 정확히 이해할 필요가 있다. 포지션이란 '협상 테이블에서 얻고자 주장하는 것'이다.[35] 남편과 아내가 오렌지 하나를 놓고 하드–포지션 협상을 하고 있다고 하자. 남편의 포지션은 꼭 오렌지를 갖는 것이다. 아내의 포지션도 똑같이 오렌지를 차지하는 것이다. 부부가 서로 자기 포지션만 강조하며 협상하면 문제를 해결할 수 없다. 오렌지는 하나고 갖고자 하는 사람은 둘이니 말이다.

그런데 협상 전략만 바꾸면 제로섬 게임을 윈-윈 게임으로 바꿀 수 있다. 남편과 아내에게 '왜 오렌지를 갖고 싶어 하느냐?'고 묻는다. 남편은 '먹으려고'라고 대답하고 아내는 '껍질로 오렌지차를 끓여 먹으려고'라고 한다. 그러면 해결책은 간단하다. 오렌지 껍질을 벗겨 아내에게 주고 알맹이는 남편이 먹으면 된다.

나는 뉴욕 군사 학교New York Military Academy에서 투쟁적인 성격을 실행으로 옮기는 방법을 배웠다. 전직 해병 상사인 시어도어 도비어스인데 아주 강인하고 거친 사람이었다. 헬멧을 쓴 채 축구장 골대에 돌진하면 머리가 깨지는 대신 골대를 부술 만한 사람이었다. 줄이 틀리면 누구든 후려쳤다. 운동장에서 몇몇 학생들이 그에게 힘으로 달려들었다가 혼이 났다. 이에 겁먹은 대부분의 학생들은 너무 고분고분 행동했다가 바보가 되어 도비어스가 무엇을 시키든 고분고분 했다.

나는 그를 다루는 방식을 터득했다. 제3의 방법을 선택했다. 나도 힘은 있지만 절대 도전하지 않고 내가 그의 권위를 존중하고 있음을 넌지시 알리는 것이었다. 힘이 센 사람들이 보통 그렇듯이 도비어스도 약점을 발견하면 상대를 후려치는 습관이 있었다. 반면, 상대가 강하지만 공격할 의사가 없음을 알면 남자로서 점잖게 대해주었다.[36]

트럼프가 자신의 저서에 쓴 내용이다. 트럼프는 상대가 자신에게 공손히 나오고 존경심을 표시하면, 즉 소프트-시그널을 보내면 협상 테이블에서도 이에 상응해 관대하게 대한다고 말한다. 벌써 일본을 그렇게 대하고 있다.

이러한 소프트-시그널을 워싱턴에 보내며 트럼프 행정부와의 최대 통상 현안인 한미 FTA 협상을 어떻게 할지를 살펴보자. 트럼프 대통령 개인의 개성, 협상 스타일 등을 고려하고 그가 대선 기간 중 앵그리 화이트 아메리칸에게 약속한 점을 종합적으로 고려할 때 윈-윈 협상 전략을 아래와 같이 부드럽게 추진해야 한다.

첫째, 한미 간 상호 신뢰의 형성이다. 트럼프는 인간적 신뢰 관계를 중시하고 이를 바탕으로 싱크-빅 협상을 하는 지도자다.

그가 비즈니스를 할 때 보면 사람에 대한 선호가 강해서 상대가 성실하게 나와 첫인상이 좋으면 신뢰하고 통 큰 협상을 한다. 하지만 첫인상이 나쁘면 '파이트-백'해 무자비하게 후려치는 스타일이다. 그러므로 우리가 협상할 이른바 '트럼프 사람'들과의 신뢰 관계 형성이 가장 중요하다고 할 수 있다.

현시점에서 가장 나쁜 것은 미국의 입장에 전혀 공감을 하지 않으면서, 그다지 설득력 없는 자료를 가지고 우기며 우리 주장만 하는 것이다. 앞으로 열릴 한미 관계의 새로운 지평에서 트럼프 사람들에게 좋은 첫인상을 주는 것이 무엇보다 중요하다.

둘째, 이익의 균형을 위해 함께 노력하겠다는 소프트-시그널을 가능한 한 빨리 보내야 한다.

미국의 최대 관심은 늘어난 무역 적자에 따른 미국 내 일자리 감소다. 앞의 자료에서 살펴봤듯이 한미 FTA 발효 후 너무 빠르게 우리의 대미 흑자가 늘어났다. 이를 인정해야 한다.

물론 우리의 대미 무역 흑자 때문에 미국의 고용이 얼마나 파괴됐는지는 아무도 정답을 말할 수 없다. 기술 발전이나 세계화 때문일 수도 있다. 하지만 그런 것 따지지 말고 우리도 통 크게 '미국의 입장을 충분히 공감한다. 이를 해결하기 위해 협상 테이블에서 머리를 맞대고 같이 고민해보자'는 소프트-시그널을 보내야 한다. 한미 FTA 협상을 할 때도 두 나라가 가장 강조한 것이 '이익의 균형'이었다. 그런데 발효 4년 후 미국의 적자가 눈덩이처럼 늘어났다면 초기에 양국이 동의했던 '이익의 균형' 원칙에도 어긋난다.

마지막으로, 으르렁거리는 사자에게 먹잇감을 던져주고 다른 것을 얻어내는 '주고받기give & take'식 협상을 해야 한다.

하드-포지션 협상은 자기가 원하는 것은 어떤 대가를 치르더라도 가지려고 한다. 지금 두 나라 사이의 통상 이슈는 한미 FTA 이행과 관련한 법률 시장 개방, 자동차 규제, 기타 우리나라 정책과 제도의 투명성 및 노동 이슈 등이다.

한미 FTA에서 법률 시장은 3단계로 개방하기로 약속하고, 2017년 3월에 마지막 3단계로서 미국 로펌과 국내 로펌 사이의 합작 로펌 허용을 하고 이 합작 로펌이 국내 변호사를 고용하는 것이 가능하도록 했다. 이를 시행하는 과정에서 외국 로펌의 지분과 의결권을 한국 정부가 49% 이하로 제한하려는 것 등에서 미국 측과 이견이 있다.

우리나라 자동차 안전 관리법에서는 좌석의 크기를 40센티미터 이상으로 규정하고 있다. 미국은 이런 규제가 불필요한 것으로, 한국만이 규제를 두고 있다고 주장한다.

다음은 자동차 이산화탄소 배출 및 연비 규제다. 환경 보호를 위해 당연히 해야 할 조치들인데 아이러니하게도 우리 정부의 기준이 미국보다 엄격하다. 이상이 한미 FTA 이행과 관련된 현안들이고, 본격적으로 재협상이 논의되면 쌀, 쇠고기, 의약품, 환율 등 다양한 이슈를 미국 측이 제기할 것으로 예상된다.

이런 여러 이슈 가운데 미국이 강하게 원해서 먹이 던져주듯이 양보해야 할 것이 무엇무엇이고, 우리가 반드시 지켜야 할 것은 무엇무엇인지 면밀히 분석해야 한다. 이는 물론 정부 혼자할 일이 아니고 무역협회 등 경제 단체, KDI, KIEP 등 국책 연구 기관, 농민 단체 등 다양한 국내 이해 집단과 긴밀하게 협의를 해야 한다.

상호주의에 의거해 일정 부분 미국의 요구를 들어주는 대신미국으로부터도 그에 상응하는 것들을 얻어내야 한다. 사자는 일단 원하는 먹이를 먹고 나면 다른 부분에서는 너그러워진다. 이는 상대가 강하게 요구하는 것을 슬쩍 던져주고 대신 다른 것을 요구하면 부드럽게 윈-윈 협상을 할 수 있다는 것을 뜻한다. 학자들의 연구에서도 하드-포지션 협상은 이런 경향을 보인다. 따라서 무엇보다 먼저 우리가 얻어낼 것이 무엇인가를 미국을 상대로 무역과 투자를 하는 우리 기업들로부터 알아내야 한다. 우리 기업이 미국에서 사업을 할 때 조지아, 캘리포니아 등 각 주별로 애로 사항이 많고, 또 연방 정부나 주 정부가 주는 각종 인센티브에 접근하는 데에 따른 혜택 등도 있을 것이다.

05

적진에서 친구 찾기
(Find Friends from Enemy)

미 의회 내 지한 인맥을 구축하라

미국은 민주 사회이기 때문에 한국과의 통상 문제가 발생할 때 미국 내 이해관계자들의 협상 이익이 모두 일치하지 않는다. 예를 들어, 만약 우리나라 자동차의 미국 내 점유율이 너무 높아 미국 정부가 이를 규제하려 든다면 어떤 일이 벌어질까?

당연히 GM, 포드 같은 제조업체들은 좋아하겠지만 소비자들은 반발할 것이다. 또한 삼성전자, 현대자동차, 기아자동차 공장이 있는 애틀랜타와 조지아 주 정부, 상원 의원, 그리고 노동자들과 현대자동차 딜러들도 거세게 반발할 것이다.

미국 연방 정부 차원도 마찬가지다. 한국 시장을 개방하기 위해 항상 공격적 협상을 펼치는 미국무역대표부USTR와 달리, 미국 기업의 한국 진출을 지원하는 상무성과 한미 동맹을 중시하는 국무성은 한국과의 심각한 통상 갈등을 가능하면 피하려 든다. 이 같은 미국 사회의 다원주의를 잘 활용해 '적진에서 친구 찾기' 협상 전략을 펼칠 필요가 있다.[37]

특히 트럼프 대통령의 측근으로 부상한 제프 세션스Jeff Sessions 상원 의원은 기아자동차의 공장이 있는 조지아 출신이다. 현재 653개 우리 기업이 조지아 주, 애틀랜타 주 등 미국의 18개 주에 투자하고 있다. 예를 들어, 삼성전자는 텍사스 주에 공장을 세워 무려 1만 5,000명을, 현대자동차는 3,500명, 기아자동차는 3,100명을 고용하고 있다.

이와 같은 것들을 배경으로 미 의회 내에 지한知韓 인맥을 구축해 나가야 한다. 미 의회 내 가장 중요한 인맥은 통상 문제를 다루는 상원 재무위원장과 하원 세입세출위원장이다. 일반적으로 미 의회 내 지한 인맥을 구축하는 방법에는 한국의 대미 투자 공장이 위치한 주의 상하원 의원, 한국에 대한 수출 의존도가 높은 주의 의원, 의원 보좌관, 한국과 특별한 인연이 있는 의원, 그리고 의외로 한국인과 결혼한 미 의원들의 가족이 꽤 있다.

먼저, 삼성전자 오스틴Austin 반도체 공장이 위치한 텍사스 주의 전·현직 주지사는 한국에 우호적인 지한 인사로 활용할 수 있다. 부시 대통령도 텍사스 주지사 시절 삼성전자에 대해 지역 발전 공로 표창을 수여하는 등 우호적 관계를 유지했으며, 역대 텍사스 주지사들은 한국에 우호적 입장이다. 또한 한미 동남부 경제협력위원회 등을 통해 플로리다, 조지아 등 7개 주의 주지사들과 좋은 인맥이 구축돼 있다.

06

기타 전략

자기 손 뒤로 묶기Tied-in hand 전략

"나는 같은 통상 관료로서 한국 정부의 입장을 충분히 이해하지만, 미 의회가 절대 비준해주지 않을 것이다."

미국 USTR과 협상을 하다 보면 이런 말을 자주 듣는다. 로버트 퍼트남Robert Putnam이 지적했듯이 협상은 2단계 게임이기에 아무리 양국 정부가 합의를 해도 의회나 농민 단체 등이 비준해주지 않는다고 핑계를 대는 것이다.

우리가 미국과 FTA 협상을 할 때 쇠고기 수입 문제가 사회적 이슈가 되자 국민적 반발이 컸다. 촛불 시위가 대단했다. 김종훈 수석대표가 쇠고기 문제를 협상하기 위해 워싱턴을 찾았을 때다. 그는 촛불 시위가 절정에 달했을 때의 사진 한 장을 크게 확대해서 들고 갔다. 미국 측 수석대표인 웬디 커틀러는 "광우병은 과학적 문제scientific issue"라고 치고 나오며 기선을 제압하려 했다. 이때 김 수석대표는 가지고 간 촛불 시위 사진을 보여주며 "미국에서는 과학일지도 모르지만 한국에서는 국민감정의 문제다"라고 받아쳤다. 촛불을 들고 분노하는 군중들의 사진을 본 커틀러는 섣불리 양보하고 귀국하기엔 김종훈 수석대표가 저 군중들을 어떻게 대할 수 있을까 하는 생각이 들었을 것이다.

이처럼 협상에서 이따금 국내 이해관계자들의 반발을 역으로 활용하면 대미 협상력을 높일 수 있다.

미끼Decoy 전략

여러분이 해외 지사로 발령을 받아 아파트를 팔려고 한다. 이때 한 사람이 찾아와 협상을 했는데 도저히 받아들일 수 없는 조건만 내건다. 첫째, 계약 후 보통 이사 기간을 한 달 정도 주는데 보름 만에 집을 비워 달라는 것이다. 당연히 들어줄 수 없다. 둘째, 지난해에 수리해 깨끗한데도 집수리를 다시 해달라는 것이다. 들어줄 수 없다. 셋째, 계약금을 5%밖에 못 주겠다고 한다. 관례상 10%는 줘야 한다. 넷째, 가격을 10%나 깎아달란다. 말도 안 되는 요구다. 요즘 아파트 시세가 좋아 없어서 못 판다. 당연히 협상은 깨지게 된다.

이때 그 사람이 "한 달의 여유를 드리겠습니다. 조건 한 가지 양보 집수리 안 해줘도 좋습니다. 조건 두 가지 양보 계약금 후하게 20% 드리겠습니다. 조건 세 가지 양보하겠습니다. 그런데 집값 좀 깎아주십시오"라고 하고 나온다.

이때 여러분이 '4가지 조건 중에서 상대가 3개나 양보했으니 나도 하나쯤은 양보해 줘야지' 하고 나온다면 여러분은 상대의 미끼 전략에 말려든 것이다. 상대는 처음부터 집값을 깎고 싶었다. 협상 테이블에 앉아마자 깎아달라고 하면 요즘 부동산 경기가 좋은데 누가 응하겠는가. 그래서 일부러 상대가 들어줄 수 없는 미끼를 3가지 던져놓고 협상이 결렬되기 일보 직전에 하나씩 하나씩 양보하고 대신 진짜 원하는 것을 얻어내는 고차원의 협상 전략이다.

여러 가지 복잡한 통상 이슈가 뒤섞여 있는 한미 협상에서 이러한 미끼 전략을 써볼 필요가 있다. 미국 몬태나 주에서 한미

FTA 5차 협상을 할 때다. 수많은 의제를 다루던 중에 서울에서 가져간 무역 구제비 합산 조치를 한미 FTA에 포함해달라고 이야기를 꺼냈다. 그랬더니 웬디 커틀러 수석대표가 뒤로 벌떡 자빠진다. '그것만은 절대 못해주겠다'는 것이다. 미 의회가 비준을 해주지 않을 것이기 때문이란다. 사실 무역 구제비 합산 조치는 별로 중요한 이슈가 아니었다. 해도 그만, 안 해도 그만인 관심 사항이었다.

여러분이 한국 협상 대표라면 이때 어떻게 대응하겠는가?

"미국 측에서 그렇게 받아들이기 곤란하다면 그냥 철회하겠습니다." 보통의 협상가라면 이렇게 미국 측에 이 건을 양보하고 다른 기회를 노렸을 것이다. 김종훈 수석대표는 뛰어난 협상가이다. 웬디 커틀러의 말을 듣는 순간, '바로 이것이 미끼decoy로구나!' 하고 똑같이 뒤로 벌떡 자빠졌다고 한다. 한국 무역업계에서 "무역 구제비 합산 조치를 반영하지 못할 거면 뭐 하러 미국과 FTA를 하느냐!"고 강력하게 반발할 것이라는 핑계를 내세우면서 말이다. 서로 못 해주겠다고 밀고 당기면서 이 미끼의 값(!)을 키워 나갔다. 그리고 슬쩍 미국 측이 그때 집요하게 주장하던 신약 최저가 보장과 맞바꿔버렸다. 장사 한번 잘한 셈이다. 사실 그 당시 국내 제약업계는 미국이 요구하는 신약 최저가 보장이 부담스러웠다.

앞으로 많은 의제를 다룰 한미 통상 협상에서는 이러한 미끼 전략을 적절하게 활용해야 한다. 예상했던 것보다 미국 측이 많은 의제를 협상 테이블에 올려놓았을 때 이는 일종의 미끼 전략일 수도 있다. 그럴 때 가장 좋은 것은 '어떤 것이 미끼이고, 어떤 것이 미국이 진짜 얻고자 하는 것인지'를 정확히 식별해 대응해 나가는 전략이다.

시간은 우리 편이다

과연 트럼프식 협상으로 미국인의 일자리를 되찾을 수 있을까?

으르렁거리는 사자와 같이 위협하며 기선을 제압하는 트럼프식 협상 전략이 일단은 효과가 있는 것 같다. 2016년 11월 당선되자마자 인디애나에 있는 에어컨 제조업체인 캐리어Carrier의 멕시코 이전 계획을 무산시켰다. 당초 캐리어는 인디애나의 공장 문을 닫고 2,400개의 일자리를 없애려 했는데, 트럼프 대통령의 협박(!) 아닌 위협에 손을 들어 1,100개 일자리는 미국 땅에 남겨놓기로 했다. 트럼프 대통령은 이 쾌거를 자신의 지지자들 앞에서 엄청나게 자랑하였다.

"나는 한다면 한다! 캐리어 협상은 내가 앞으로 수천 개 정도가
아닌, 수백만 개의 일자리를 되찾아오는 정책의 첫 걸음이다."

2017년 1월 초에는 멕시코 공장에서만 8,800명의 현지인을
고용한 포드가 16억 달러 규모의 멕시코 공장 설립 계획을 취소
하고, 미시간 주에 7억 달러 규모의 공장을 신설하기로 했다. 두
번째 홈런을 날린 셈이다. GM도 골머리를 앓고 있다.

"GM의 크루즈Cruze 차종을 미국에서 생산하지 않고 멕시코로
가면 세금 폭탄을 매기겠다"고 트럼프가 계속 트위터를 쏘아대
고 있다.

이어서 2017년 들어서는 공격의 화살을 외국 업체에 까지 돌
렸다.

"도요타가 멕시코에서 미국 수출용 자동차 공장을 짓는 것을 절
대 용납할 수 없다. 미국에 공장을 짓던지 아니면 막대한 국경
세border tax를 내야한다."

하기야 GM, 포드뿐만 아니라 폭스바겐, 도요타, 기아자동차

등이 멕시코에서 미국 수출용 자동차를 만들고 있으니, 이들 외국 기업도 후려치지 않을 수 없을 것이다.

이런 '트럼프식 협상'으로 과연 얼마만큼의 일자리를 미국에 되찾아 올 수 있을까?

여기에 대한 필자의 대답은 긍정 반半, 회의 반半이다. 대통령에 취임하기도 전에 2개의 미국 기업, 즉 포드와 캐리어를 위협해 수천 개의 일자리를 구했다. 이런 식으로 계속 해외로 나가려는 기업들을 위협하면 가볍게 백만 개 정도의 제조업 일자리를 만들어 낼 수 있을 것이다.

그런데 중국과 한판 무역 전쟁을 벌여야하고, ISIS 같은 국제 테러 조직과도 싸워야 할 미국 대통령이 그렇게 한가하지는 않다. 할 일이 태산 같은데 언제 해외로 나가려는 기업 하나 하나를 잡고 늘어지겠는가.

이건 불가능하다.

트럼프 대통령이 하고 싶어 하는 것들을 미국의 제도와 정책으로 만들기 위해선 반드시 의회에서 보호주의 색채가 짙은 관련법을 제정해야 한다. 거친 말로 기업을 위협하는 것과 법을 만드는 것은 전혀 다른 일이다. 자유무역주의자들이 많이 포진한 의회에서 GATT와 세계무역기구WTO의 내국민 대우 원칙 위반 등으로 논란의 소지가 있을 법안들을 통과시키기가 쉽지 않을 것이다.

캐리어가 미국에 1,100개의 일자리를 남겨주는 대가로 700만 달러의 세제 혜택을 주겠다고 약속하였다. 이런 식으로 개별 기업과 협상하며 백만 개의 일자리를 보전하려면 무려 70억 달러의 세제 혜택을 주어야 한다. "일자리를 지키는 건 좋은 데 얼마나 효율적인 정책이냐?"를 놓고 상당한 정치적 논쟁이 벌어질 것이다.

_____

'바이-아메리칸Buy-American' 정책의 허許와 실實

트럼프 대통령이 그렇게 집착하는 '바이-아메리칸' 정책의 원조는 초대 대통령 조지 워싱턴이다. 워싱턴 대통령이 취임식에 '메이드-인 USA' 양복을 입고 참석한 것으로 유명하다.

일본 제품이 한창 미국 시장을 잠식하고 있던 1980년대와 1990년대 '바이-아메리칸' 운동이 노조와 의회를 중심으로 활발히 일어났다. 기업은 미국 차를 사는 직원에게 특별 보너스를 주고, 의원들은 의사당에서 외제 식기와 포크를 부수는 등 별의별 애국적 행동을 다하였다. 미국 소비자자 애국심을 가지고 일년에 50달러만 돈을 더 써서 미국 제품을 사주면 10만 개의 일자리가 생긴다는 것이다.

그런데 2000년대 들어 왜 이런 열기가 식었을까?

별 효과가 없었고 너무나 혼란스러운 것들이 많았기 때문이다. 가장 큰 혼란은 '무엇이 아메리칸American이냐?' 는 것이었다. 일본 혼다가 오하이오 주에 공장을 지어 만든 '혼다자동차 made in Ohio' 와 '아이폰 made in China' 중에서 관연 어떤 것이 '아메리칸' 일까?

명쾌한 대답을 하기가 정말 힘들다.

미국인의 일자리를 만든다는 측면에선 일본 기업 혼다가 더 애국적이다. 반면 중국에 있는 폭스콘Foxconn 공장에서 백만 개의 일자리를 만들어주며 아이폰을 만드는 애플은 졸지에 비애국적인 기업이 되는 셈이다. 이에 트럼프 대통령은 "애플도 아이폰을 미국에서 생산해야 한다"라고 말했다. 만약 애플의 중국 일자리를 고스란히 미국으로 가져올 수 있다면 트럼프 대통령은 느긋한 마음으로 잠을 편히 잘 수 있을 것이다.

그러나 글로벌 가치사슬Global Value Chain으로 복잡하게 뒤얽힌 아이폰의 생산 구조를 볼 때 문제가 그리 단순하지가 않다. 아이폰4의 미국 소비자 가격이 600달러인데 이중 중국 땅에서 조립 생산을 하는 폭스콘이 가지는 몫은 6.5달러에 불과하다. 이 중에 정작 땀 흘리며 조립하는 중국인 근로자 손에 쥐어지는 임금은 겨우 2~3달러 정도 일 것이다. 제일 큰 몫은 실리콘 밸리에 있는 애플이 270달러, 부품을 공급하는 삼성전자, LG전자 등이 187달러를 챙기고 있다.

중국에 있는 조립 공정은 애플의 글로벌 가치사슬에서 싸구려 저부가가치 공정이다. 무리하게 이를 미국으로 가져온다면 아무리 뛰어난 기술력이 있고 자동화를 통해 생산성을 향상시키더라도 세상 시장의 상당 부분을 삼성 갤럭시 같은 경쟁기업에 내주지 않을 수 없을 것이다.

집권 초기에는 트럼프 대통령의 기세가 하도 등등하여 해외로 나갔던 상당수의 기업이 미국으로 되돌아 올 것이다. 미국 같은 나라에서도 기업이 대통령 눈치를 본다. 그런데 아이러니한 것은 정작 일자리가 되돌아오는 지역은 그를 열렬히 지지했던 중북부의 '러스트-벨트'가 아니라, 조지아, 애틀랜타 같은 남부 지역일 것이다. 그 이유는 아주 간단하다. 전통적 산업지역인 러스트-벨트에는 강성 노조가 있고 임금이 높다. 쉽게 말하면 기업하기가 쉽지 않다. 하지만 남부에는 노조가 아예 없거나 친기업적이다. 그리고 임금도 북쪽보다 훨씬 싸다. 그렇기 때문에 도요타, BMW, 닛산, 현대, 기아자동차 등이 모두 이 지역에 둥지를 틀었다.

다음으로 우려되는 것은 미국이 이 같이 강력한 '바이-아메리칸' 정책을 쓴다면 무역 상대국인 일본, 중국, 유럽도 똑같이 '바이-재패니즈Buy Japanese', '바이-차이니즈Buy Chinese' 정책을 쓸 것이다. 이건 정말 나쁘다. 서로가 서로의 일자리를 파괴하는 세계 무역 전쟁으로 번져 글로벌 경제의 침체를 가져올 것이다.

다음으로 오바마 대통령에게서 물려받은 반갑지 않은 선물 (?)이다. 오바마 집권 8년의 결산표를 보니 재임기간 중 1,130만 개의 새로운 일자리를 만들어 지난 2016년 12월까지 75개월 동안 한 번도 예외 없이 매월 미국의 일자리가 증가하였다. 2016년 한 해만 해도 무려 200만 개의 새로운 일자리가 만들어졌다. 따라서 집권할 때 10%에 다다르던 실업률이 2016년 말에는 4.6%로 떨어졌다. 그런데 자세히 살펴보면 문제가 없는 것은 아니다. 그간 새로 생긴 일자리는 앵그리 화이트 아메리칸이 몰려있는 제조업이 아닌 의료 서비스, 유통, 금융 등 서비스 업종이다.

이유야 어떻든 물려받는 낮은 실업률은 분명히 트럼프 대통령에게 정치적 부담으로 작용할 것이다. 아무리 포드, GM 같은 회사를 후려쳐 멕시코로 도망간 일자리를 되돌려온다 하더라도, 미국 전체의 실업률이 올라가면 국민들로부터 별로 인기가 없게 될 것이다,

사실, 실업률 4.6%는 마찰적 실업을 고려할 때 거의 완전 고용에 가까운 수준이다. 때문에 아무리 트럼프 대통령이 좋은 정책을 써도 실업률이 더 이상 내려갈 확률보다는 올라갈 확률이 더욱 크다.

트럼프식 양자 통상 협상의 한계

트럼프 행정부가 미국의 무역 적자를 줄이고 일자리를 되찾아오기 위해 중국, 한국, 일본 같은 나라와 직접 양자 통상 협상을 하는 것은 그 효과가 직접적이고 즉시 나타난다. 중국산 철강 제품 수입에 대해 대선 때 약속한 45%는 아니더라도, 그 절반 정도인 20% 반덤핑 관세만 부과해도 필라델피아, 인디애나의 철광 노동자들은 환호할 것이다. 물론 취임 초 트럼프 대통령의 인기도 치솟고 말이다.

그런데 중장기적으로 볼 때 이러한 양자 통상 협상의 가장 큰 한계는 소위 말하는 '풍선 효과'다. 중국산 철강제품 수입을 규

제하면 그 틈을 다른 나라, 이를테면 한국이나 인도네시아 철강 제품이 파고드는 것이다. 오바마 정부 초기 중국산 타이어 수입이 급증하여 미국 타이어 산업이 심각한 타격을 입었다. 이에 중국산 수입 타이어에 대해 고율의 관세를 부과해 중국에서의 타이어 수입이 주춤해진 것까지는 좋았다. 그런데, '늑대 대신 이리'라는 말이 있듯이 말레이시아, 타이완 등 다른 동남아 국가로부터의 타이어 수입이 빠르게 늘어났다.

1970년대 말, 일제 TV 수입이 급증하자 미국은 일본에서 들어오는 TV에 고율의 반덤핑 관세를 부과했다. 소니, 도시바 등 TV의 수입은 줄어들었는데 엉뚱하게 한국의 삼성 TV, LG TV의 수출이 급증해 결국 GE, 제니스 같은 미국 TV 산업을 초토화했다.

재미있는 예를 하나 더 들어보자. 1980년대 레이건 행정부 시절 미국과 일본은 일본산 자동차에 대한 수출 자율 규제VER에 합의했다. 1년에 168만 대로 일본 스스로 대미 수출을 제한하기로 한 것이다. 이는 물론 물밀듯이 들어오는 도요타, 혼다의 소형 승용차로부터 GM, 포드 등을 보호하기 위한 것이다. 그런데 이 같은 보호주의조치 이후 어떤 일이 벌어졌을까?

그때까지는 일본 자동차가 소형차 시장만 파고들었는데, 이후 도요타가 고급차인 렉서스, 혼다가 인피니티를 개발해 고급차 시장까지 침투하기 시작했다. 이유는 간단하다. 일본 자동차 수입 제한을 대수 기준으로 했으니 도요타 입장에서는 8,000달러짜리 소형차를 수출해도 1대, 8만 달러짜리 렉서스를 수출해도 똑같은 1대로 계산한다. 당연히 10배의 매출을 올리기 위해 R&D에 집중 투자해 렉서스를 개발한 것이다. "땡큐, 아메리카!" 도요타가 해야 할 말이다.

그 파급 효과는 여기에서 그치지 않는다. 도요타는 켄터키주에, 혼다는 오하이오 주에 투자해 생산을 시작했다. 거기까지는 좋았다. 그런데 알고 보니 '스크류 드라이버' 공장이었다. 거의 모든 부품을 일본에서 가져다가 미국에서 그냥 조립만 한 것이다. 당연히 현지에 떨어지는 부가 가치가 적을 수밖에 없다. 이에 미국이 다시 칼을 빼들었다. 일본산 자동차 부품에 고율의 관세를 매긴 것이다. 이번에는 일본 자동차 부품 업체들이 떼거지로 미국으로 몰려와 투자하더니 도요타 켄터키 공장이나 혼다 오하이오 공장뿐만 아니라, GM, 포드에까지 부품을 공급했다.

수출 자율 규제라는 보호주의 조치가 미국 자동차 산업의 경쟁력을 높이기는커녕 일본 자동차 산업의 고급화·국제화만 도

운 셈이다. 또한 미국의 소비자는 일제차를 사는 데 평균 1,000
달러 정도를 더 지불하여야 했다.

결국 레이건 행정부는 1980년 후반 이 조치를 폐지했다.

다시 지역주의를 바탕으로 한 자유 무역 체제로

1970년대부터 1990년대 초반 까지 이 같은 온갖 시행착오를 거
치며 미국이 절감한 것은 양자 통상 협상의 한계다. 중국, 일본,
한국 같은 나라를 후려치며 개별 건수별로 아무리 어렵게 협상
을 해봤자, 엄청난 거래 비용과 함께 힘만 들었다. 그리고 미국
수출에도 그다지 도움이 되지 않고 수입도 효과적으로 제한하
지를 못했다. 당초 정책 목표였던 일자리 창출에 별 도움이 되
지 못한 것이다.

이에 1990년대 후반 미국이 눈을 돌린 것이 지역주의다.

멕시코, 캐나다 등과 자유 무역을 맺어(NAFTA) 한꺼번에 시장
을 개방하면 협상에 소모하는 노력도 줄이면서 큰 효과를 볼 수
있다. 그래서 1994년에 NAFTA, 2012년에는 한국과 FTA, 그리
고 최근에는 한걸음 더 나아가 TPP라는 메가-FTA까지 추진한

것이다. 이러한 지역주의 협상을 하면 단순히 관세 인하뿐만 아니라 비관세 장벽, 기술 무역 장벽, 전자상거래, 투자, 서비스 등 다양한 분야를 하나로 묶을 수 있다.

또한 TPP가 의도하듯이 국제 무역에 대한 새로운 게임의 규칙rule-setting을 정하는 것이다. 베트남, 말레이시아 같은 나라와 함께 환경, 노동, 국영기업 등에 대한 공통적인 기준, 솔직히 말하면 미국에 유리한 규칙과 규범을 만들어놓으면 자유 무역이 활성화되고 참가하는 모든 나라가 윈-윈 게임을 할 수 있게 되는 것이다.

시간은 우리 편이다

누가 뭐라고 해도 자유 무역과 지역주의가 정답이다.

그런데 이것들이 가지는 결정적 약점 때문에 트럼프의 참신한 캠페인 전략이 미국인들에게 먹혔다. 앞에서 설명했듯이 자유 무역과 지역주의의 효과가 미국 경제에 골고루 퍼지지 않아 화이트 앵그리 아메리칸 같이 손해를 보는 패자losers와 소비자 같이 이익을 보는 승자winners로 양분된다. 그런데 정작 승자는 침묵하는데, 패자는 정치적으로 강하게 분노하며 결집하여 트럼프를 백악관으로 보낸 것이다.

집권 2년 정도 까지는 의회와 국민들이 트럼프 스타일의 협상을 지지 할 것이다. 승부 근성과 박력이 있고, 뭔가 속 시원한 일을 벌일 것 같은 지도자이기 때문이다. 미국인을 위한 일자리 창출, 무역 적자의 축소, 날로 기세가 등등해지는 중국 견제 등 상당한 성과를 거둘 것이다. 그리고 헨리 키신저 전 국무 장관이 지적했듯이 사실 그럴 능력이 있는 새로운 대통령이다.

그런데 가장 큰 문제는 바이-아메리칸, 중국 후려치기, 양자 통상 협상 같은 모든 것들이 미국이 과거에 다 해본 것들이라는 아이러니이다.

미국이 1980년대와 1990년대 이런 정책들을 해보다 안 되니까 지역주의로 돌아섰는데, 다시 트럼프 대통령이 시계 바늘을 뒤로 돌리려 하고 있다. 그러나 앞에서 설명한 여러 가지 이유 때문에 그 효과는 기대만큼 크지 않고 예상 못했던 부작용도 클 것이다.

트럼프 대통령은 '빨리 새로운 걸 배우는fast-learning 뛰어난 지도자'라고 말한다. 한 2년 쯤 후에는 스스로 뭔가를 깨닫고 다시 선반 위에 올려놓았던 TPP를 추진하고 다른 나라와 윈-윈 게임을 하는 자유 무역과 지역주의로 돌아설 것이다.

1   에런 제임스, 《또라이 트럼프(Assholes: A Theory of Donald Trump)》, 한국 경제신문, 2016년

2   같은 책, 48~49쪽

3   같은 책, 10~11쪽

4   같은 책, 15쪽

5   http://www.forbes.com/sites/aviksaroy/2016/11/19/man-bites-dog-trump-did-better-with-minorities-than-mitt-romney-did-in-2012/#6e2c3d8e3b8b

6   Donald J. Trump, 《The Art of The Deal》, Ballantine Books, 2015, p.108.

7   같은 책, 58쪽

8   같은 책, 71쪽

9   같은 책, 59쪽

10 안세영, 《글로벌 협상 전략》, 박영사, 2013년, 148쪽

11 Donald J. Trump, 《The Art of The Deal》, Ballantine Books, 2015, p.53.

12 같은 책, 177쪽

13 같은 책, 46쪽

14 안세영, 《글로벌 협상 전략》, 박영사, 2013년, 29쪽

15 Donald J. Trump, 《The Art of The Deal》, Ballantine Books, 2015, p.238.

16 조지 로스, 《트럼프처럼 협상하라》, 김미정 역, 에버리치홀딩스, 2008년, 41쪽

17 도널드 트럼프, 《트럼프, 성공을 품다》, 권기대 역, 베가북스, 2007년, 165쪽

18 같은 책, 167~168쪽

19 김창준, 《트럼프 대통령에 대비하라》, 라온북, 2016년, 21쪽

20 도널드 트럼프, 《트럼프, 성공을 품다》, 권기대 역, 베가북스, 2007년, 76쪽

21 Lewicki, R. J., Hiam, A. & Olander, K. W., 《Think Before You Speak: A Complete Guide to Strategic Negotiation》, New York, John Wiley&Sons, Inc., 1996, pp.49~50.

22 조지 로스, 《트럼프처럼 협상하라》, 김미정 역, 에버리치홀딩스, 2008년, 59쪽

23 같은 책, 53-54쪽

24 Donald J. Trump, 《The Art of The Deal》, Ballantine Books, 2015, p.50.

25 Ficher, R. & Ury W., 《Getting to Yes: Negotiating Agreement Without Giving In》, Penguin Book, 1991, p.97-98

26 Donald J. Trump, 《The Art of The Deal》, 2015, p.51-52

27 https://www.census.gov/foreign-trade/balance/c2010.html

28 대외경제정책연구원(KIEP) 〈미국 신(新)행정부의 대중국 통상 정책과 한·중 경협에의 영향〉, 2016. 12. 02.

29 CNN, 2016.12.21

30 Washington Post, 2016.12.20

31 안세영, 《글로벌 협상 전략》, 박영사, 2013년, 61쪽

32 www.imf.org, ISBN 978-1-51359-954-0, pp57

33 조선일보, 2016.12.20.

34 http://biz.chosun.com/site/data/html_dir/2016/03/14/2016031402068.html

35 안세영, 《글로벌 협상 전략》, 박영사, 2013년, 21쪽

36 Donald J. Trump, 《The Art of The Deal》, Ballantine Books, 2015, p.72-73

37 안세영, 《글로벌 협상 전략》, 박영사, 2013년, 437-438쪽

도널드 트럼프와
어떻게 협상할 것인가

제1판 1쇄 인쇄 | 2017년 1월 13일
제1판 1쇄 발행 | 2017년 1월 20일

지은이 | 안세영
펴낸이 | 고광철
펴낸곳 | 한국경제신문 한경BP
편집주간 | 전준석
책임편집 | 황혜정
기획 | 이지혜·유능한
저작권 | 백상아
홍보 | 이진화
마케팅 | 배한일·김규형
디자인 | 김홍신
본문디자인 | 디자인 현

주소 | 서울특별시 중구 청파로 463
기획출판팀 | 02-3604-553~6
영업마케팅팀 | 02-3604-595, 583 FAX | 02-3604-599
H | http://bp.hankyung.com   E | bp@hankyung.com
T | @hankbp   F | www.facebook.com/hankyungbp
등록 | 제 2-315(1967. 5. 15)

ISBN 978-89-475-4169-5   03320

Negotiation
Donald Trump